# Vom Säugling zum Kleinkind

von
D. Gerner
N. Eckelmann

5., aktualisierte Auflage

Dr. Felix Büchner
Handwerk und Technik · Hamburg

# Vorwort

Mit diesem Buch werden besonders Auszubildende zur staatlich geprüften Kinderpflegerin/zum staatlich geprüften Kinderpfleger oder zur Sozialassistentin/zum Sozialassistenten angesprochen. Es beinhaltet die Themen Säuglingspflege, Gesundheit und Ökologie.

Die Entwicklung vom Säugling zum Kleinkind umfasst eine Zeit, in der in einem kurzen Zeitraum sehr viel geschieht. Der Umgang mit Kindern fordert uns und gibt uns gleichzeitig viele positive Erfahrungen zurück. Es macht Spaß, an ihrer Entwicklung teilzuhaben und dabei selber einen kleinen Beitrag zu leisten. Das Buch begleitet Sie in den einzelnen Entwicklungsstufen bis zum Kleinkind. Dabei erfahren Sie praxisnahe Einzelheiten zum gesunden Umfeld und der Pflege des Säuglings. Es soll Sie befähigen, den Alltag mit den Kindern professionell zu bewältigen.

Das Buch eignet sich für den Unterricht nach der Lernfelddidaktik. Anschaulich und praxisnah fördert es das komplexe Lernen mit dem Ziel, eine professionelle Handlungskompetenz zu erlangen.

Der Einstieg in die jeweiligen Themen findet über berufs- und lebensnahe Situationen statt. Diese sensibilisieren die Auszubildenden für den Lerninhalt, der in verständlichen Texten dargestellt wird, zusätzlich unterstützt von zahlreichen illustrierenden und veranschaulichenden Abbildungen. Beispiele, Tipps und Hinweise für die Praxis machen Sachverhalte leicht nachvollziehbar.
Am Ende jedes Hauptkapitels finden sich Aufgaben, die sowohl der Wiederholung und Vertiefung dienen als auch Situationen aus der täglichen Arbeitspraxis behandeln.
Das Buch ist somit eine wertvolle Hilfe für die theoretische und praktische Ausbildung.

Im Buch wird meist die weibliche Anrede verwendet. Selbstverständlich gelten die Ausführungen in gleichem Maße auch für die männlichen Auszubildenden.

**Autorinnen und Verlag wünschen Ihnen viel Freude und Erfolg bei der Arbeit mit diesem Buch.**

ISBN 978-3-582-04566-9

Verlag Dr. Felix Büchner – Handwerk und Technik GmbH, Lademannbogen 135, 22339 Hamburg; Postfach 63 05 00, 22331 Hamburg – 2015

E-Mail:    info@handwerk-technik.de
Internet:  www.handwerk-technik.de

Umschlagmotiv: Diane Gerner, 73733 Esslingen
Satz und Layout: KCS GmbH, 21435 Stelle
Druck: Grafisches Centrum Cuno GmbH & Co. KG, 39240 Calbe

# Inhaltsverzeichnis

## 7 Die Ernährung im Kleinkind- und Vorschulalter .................60

## 8 Das kranke Kind....................70

## 9 Unfallverhütung und Erste Hilfe bei Kindern ........96

## 10 Kinder und Umwelt............102

*Lara ist fünf Jahre alt und besucht täglich den Kindergarten. Seit ihrer Geburt ist sie körperlich behindert. Sie sitzt im Rollstuhl und kann nicht laufen. Lara hat im Kindergarten viele Freundinnen gefunden. Sie singt und lacht gerne mit ihnen, aber am liebsten malt und bastelt sie. Dabei ist sie sehr geschickt. Lara fühlt sich wohl und zufrieden, ihre Behinderung bemerkt sie manchmal gar nicht.*

### Aufgaben

1. Beschreiben Sie, warum Lara trotz ihrer Behinderung als „gesund" bezeichnet werden kann.
2. Erläutern Sie, was für Sie persönlich Gesundheit bedeutet.

**Definition von Gesundheit der Weltgesundheitsorganisation (WHO):**

„Gesundheit ist ein Zustand vollkommenen körperlichen, geistigen und sozialen Wohlbefindens und nicht bloße Abwesenheit von Krankheit."

Gesundheit stützt sich auf drei Eckpfeiler (nach WHO):
- körperliche Gesundheit
- geistige Gesundheit
- soziale Gesundheit

Gesundheit, so wie die WHO sie definiert, stellt eine Idealsituation dar, die eigentlich niemals erreicht werden kann. Gesundheit ist in nicht unerheblichem Maße auch von dem eigenen persönlichen Empfinden abhängig.

Ein Kind mit Behinderungen kann sich trotz der Behinderung z. B. als gesund bezeichnen, da es gelernt hat, damit zu leben und gut zurechtzukommen; oder ein scheinbar gesunder Mensch, der sich gut fühlt, kann bereits eine organische Erkrankung haben, von der er bisher noch nichts bemerkt hat, z. B. Krebs.

Ob ein Kind sich nach der Geburt zu einem gesunden und aktiven Menschen weiterentwickeln kann, ist in erster Linie abhängig davon, ob seine Grundbedürfnisse (→ S. 25) durch seine unmittelbaren Betreuungspersonen erfüllt werden. Diese sind allerdings von dem Gesundheitszustand abhängig, mit dem das Kind auf die Welt kommt. Bekommt ein Kind z. B. nach der Geburt eine Neugeborenengelbsucht, muss es zwar speziell versorgt werden, kann sich aber dennoch gesund entwickeln.

Ein gutes **Bonding** (→ S. 8) im Anschluss an die Geburt stärkt die Bindung zwischen Eltern und Kind und schafft so die Basis für die weitere gesunde emotionale und seelische Entwicklung.

Im Laufe der Entwicklung sind Kinder vielen verschiedenen Faktoren ausgesetzt, die ihren Gesundheitszustand beeinflussen können. Die Abbildung unten zeigt eine Übersicht der Faktoren, die zur Gesunderhaltung von Körper und Geist beitragen.

Erbanlagen, die von außen nicht sichtbar sind, und der natürliche Alterungsprozess können die Gesundheit eines Menschen trotz aller gesundheitlichen Maßnahmen im Laufe seines Lebens negativ beeinflussen.

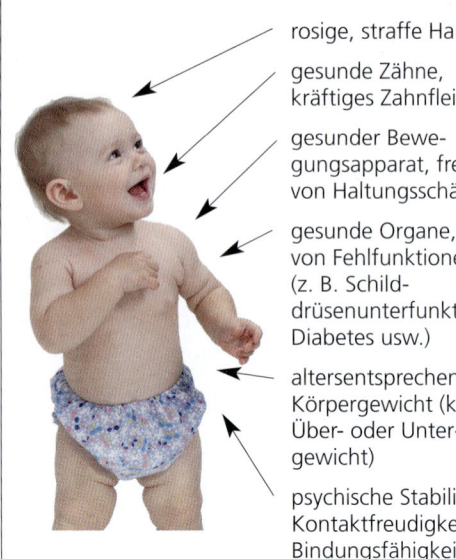

rosige, straffe Haut

gesunde Zähne, kräftiges Zahnfleisch

gesunder Bewegungsapparat, frei von Haltungsschäden

gesunde Organe, frei von Fehlfunktionen (z. B. Schilddrüsenunterfunktion, Diabetes usw.)

altersentsprechendes Körpergewicht (kein Über- oder Untergewicht)

psychische Stabilität, Kontaktfreudigkeit, Bindungsfähigkeit

*Merkmale eines gesunden Körpers*

---

■ soziale Kontakte, z. B. zu Eltern, Betreuungspersonen und Gleichaltrigen

■ gesunde und ausgewogene Ernährung, z. B. Gemüse, Obst, Kartoffeln, Milch

■ ausreichend Schlaf und Erholungspausen

■ regelmäßiger Tagesablauf, wenig Stress

■ regelmäßige Körperpflege mit natürlichen Pflegeprodukten

■ regelmäßige Zahnpflege

■ gesicherte Umwelt: z. B. eigenes Bett, Kleidung, Schutz vor Gefahren

■ ausreichend körperliche Betätigung: z. B. Spiel und Sport auch an der frischen Luft

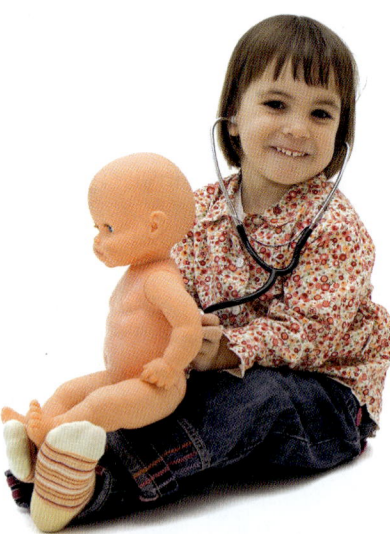

■ Vermeidung von chemischen und physikalischen Einflüssen, z. B. Zigarettenrauch, Abgase, Lärm, Kälte, Nässe, Hitze

■ Schutz der Haut vor übermäßiger Sonneneinstrahlung, z. B. durch geeigneten Sonnenschutz, Schatten

■ Vermeidung von Schadstoffen aus der Umwelt, z. B. aus Spielzeug, Nahrungsmitteln, Textilien

■ bewusster Umgang mit Krankheiten, die z. B. durch Bakterien und Viren ausgelöst werden: rechtzeitiger Arztbesuch, häusliche Pflege, Ruhe, Hausmittel

*Faktoren, die den Körper eines Kindes gesund erhalten*

Wird von Gesundheit des Menschen gesprochen, denkt man in der Regel dabei häufig an die Abwehr und Bekämpfung von Krankheiten. Demgegenüber steht die Theorie der **Salutogenese** von Aaron Antonovsky. Der Medizinsoziologe hat sich folgende Frage gestellt: „Warum bleiben Menschen gesund, auch wenn sie oft gesundheitsschädigenden Einflüssen ausgesetzt sind?"

Bei diesem Modell wird also weniger geschaut, wie man Krankheiten vermeiden kann, sondern wie ein Mensch gestärkt werden könnte und welche persönlichen Ressourcen (Reserven) er besitzt, sich gegen Krankheiten zur Wehr zu setzen.

Möchte man Kindern gesundes Verhalten und eine gesunde und umweltschonende Lebensweise nahebringen, nützen theoretische Informationen, z. B. „in Paprika ist viel Vitamin C", oft recht wenig. Wird für sie jedoch z. B. gesundes und abwechslungsreiches Essen, Eincremen mit Sonnenmilch im Sommer oder Einkaufen ohne viel Verpackungsmüll ganz ohne Druck und Zwang zur Selbstverständlichkeit, ist die Wahrscheinlichkeit sehr hoch, dass sie auch im Erwachsenenalter eine gesunde Lebensweise beherzigen. Die Eltern und alle anderen betreuenden Personen sind dabei ihre Vorbilder, denn Kinder lernen in erster Linie durch Nachahmung.

## 2.1 Die Schwangerschaft

*Tina, 17 Jahre alt, erzählt ihrer Freundin Marion nach der Schule, dass ihr seit einigen Tagen morgens beim Aufstehen immer übel ist. Ihre Brust schmerzt und ihre Regel ist seit gut einer Woche überfällig. Sie vermutet nun, dass sie schwanger ist. Tina ist verzweifelt, denn zur Verhütung hat sie morgens ihre Pille eingenommen. Vor drei Wochen hatte sie jedoch eine Magen-Darm-Infektion mit Durchfall. Außerdem hat sie an einem Tag die Pille vergessen und erst viele Stunden später eingenommen. Dass die Pille regelmäßig eingenommen werden muss und sie im Krankheitsfall nicht zuverlässig wirkt, hat sie schon einmal im Beipackzettel der Pillenverpackung gelesen, trotzdem hat sie sich von ihrem Freund zum Geschlechtsverkehr überreden lassen. Darüber ärgert sie sich jetzt sehr.*

### Aufgaben

1. Beschreiben Sie, was Sie Tina jetzt raten würden, wenn Sie ihre Freundin Marion wären.
2. Überlegen Sie, welche Möglichkeiten Tina und ihr Freund gehabt hätten, trotz der verminderten Wirkung der Pille, eine Schwangerschaft zu verhüten.

| Verhütungsmethode | Erläuterung | Sicherheit |
|---|---|---|
| Beachtung des weiblichen Zyklus | Bei einem Zyklus von 28 Tagen ist ca. zwischen dem 10. und dem 17. Tag die fruchtbare Zeit. | Die Sicherheit ist sehr gering, da der Zyklus, z. B. durch Stress oder Krankheit, Schwankungen unterliegen kann. |
| Temperaturmethode | Regelmäßiges Messen der Körpertemperatur morgens im Bett zur gleichen Zeit. Zur Zeit des Eisprungs steigt die Körpertemperatur sprunghaft an. Ist sie drei Tage erhöht, beginnt die unfruchtbare Zeit im Zyklus bis zur nächsten Blutung. | Unsicher, da täglich sehr genau gemessen werden muss. Krankheiten können die Körpertemperatur beeinflussen. |
| Kondom | Das Kondom wird vom Mann direkt beim Geschlechtsverkehr angewendet und schützt auch vor Krankheiten. | Die Sicherheit ist stark abhängig von der richtigen Anwendung. Es darf nicht zerreißen oder beim Herausziehen des Gliedes aus der Scheide abrutschen. |
| Diaphragma | Bei richtigem Sitz verschließt das Diaphragma den Muttermund und bildet eine Barriere für die Samenzellen. | Die Sicherheit ist abhängig von der richtigen Anwendung und der Passgenauigkeit. Es muss vom Arzt angepasst werden. |

*Tabelle 2.1 Übersicht möglicher Verhütungsmittel*

*weiter nächste Seite →*

| Verhütungsmethode | Erläuterung | Sicherheit |
|---|---|---|
| Spirale | Sie versperrt den Samenzellen den Weg und senkt ihre Befruchtungsfähigkeit. Ein Kupferdraht macht die Samenfäden unbeweglicher. | Die Sicherheit ist bei richtigem Sitz (wird durch den Arzt angepasst) sehr hoch. |
| Hormonspirale | Gibt ein Hormon ab, das a) auf die Gebärmutterschleimhaut wirkt und die Einnistung einer befruchteten Eizelle verhindert und b) die Beweglichkeit der Samenzellen herabsetzt. | Sehr sicher, kann allerdings Nebenwirkungen haben, wie z. B. Schmierblutungen, einen unregelmäßigen Zyklus oder Akne. |
| Pille | Sie enthält Hormone, die dem Körper eine Schwangerschaft „vortäuschen" und deshalb einen weiteren Eisprung unterdrücken. | Sie gilt als sicherstes Verhütungsmittel, muss jedoch sehr regelmäßig und täglich eingenommen werden. |
| Chemische Verhütungsmittel | Sie enthalten samenabtötende Stoffe. | Sie gelten als sehr unsicher und sollten nur in Verbindung mit anderen Verhütungsmitteln, z. B. Kondomen, verwendet werden. |

*Fortsetzung Tabelle 2.1  Übersicht möglicher Verhütungsmittel*

Ein neues Leben entsteht, wenn eine reife weibliche **Eizelle** nach dem Eisprung der Frau und eine männliche **Samenzelle** miteinander verschmelzen. Ab dieser Befruchtung vollzieht sich im Körper der Frau ein wahres Wunder, von dem man von außen lange nichts bemerkt. Die befruchtete Eizelle verbringt die nächsten Tage im Eileiter und wandert diesen entlang in Richtung Gebärmutter. Hier nistet sie sich ein und reift zu einem neuen Menschen heran. Die Schwangerschaft dauert ca. 9 Monate. Sie wird in 3 Abschnitte eingeteilt (→ Tabelle 2.2, S. 6).

Für schwangere Frauen werden bei der Hebamme und beim Frauenarzt **Vorsorgeuntersuchungen** durchgeführt. Es erfolgt regelmäßig eine Kontrolle von Blutdruck, Urin und Gewicht, um schwangerschaftsbedingte Erkrankungen auszuschließen. Per Ultraschall kann beobachtet werden, ob sich das Baby gesund entwickelt.

In der Schwangerschaft ist auf eine gesunde Lebensweise zu achten. Vorsorgeuntersuchungen sollten regelmäßig wahrgenommen werden.

### Tipps für die Schwangerschaft

**Nikotin, Alkohol, Medikamente und andere Drogen vermeiden!**

- Gefahr von Missbildungen und Fehlgeburten.

**Gesund und abwechslungsreich ernähren. Rohe Lebensmittel meiden!**
- Gefahr des Nährstoffmangels bei der Mutter.
- Keime aus rohen Lebensmitteln können das Kind im Mutterleib schädigen.

**Stress reduzieren und öfter ausruhen!**
- Gefahr von vorzeitigen Wehen und einer Frühgeburt sowie evtl. eine verminderte Sauerstoffzufuhr zum Kind über die Nabelschnur.

**Schweres Heben und Tragen vermeiden!**
- Gefahr von vorzeitigen Wehen und einer Frühgeburt.

| 1. Schwangerschaftsdrittel 1. – 12. Woche | So entwickelt sich das Kind, das in dieser Zeit Embryo heißt | Veränderungen bei der Mutter |
|---|---|---|
| 6 Wochen alter Embryo 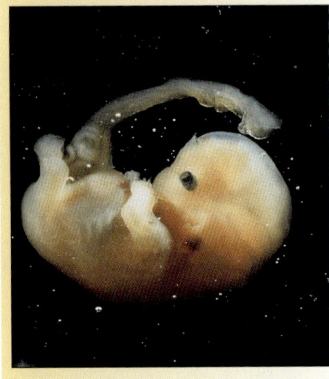 | Nach der Befruchtung und Einnistung in die Gebärmutter beginnt die Anlage aller inneren Organe des Embryos. Das Herz schlägt bereits mit 6 Wochen, Blut wird durch die Nabelschnur gepumpt. Lippen, Augen, Nase und Ohren sind zu erkennen. Die äußeren Geschlechtsorgane beginnen sich zu differenzieren. Finger und Zehen bilden sich aus. Selbst die Stimmbänder sind in der 12. Woche bereits vorhanden. Das Kind ist am Ende des ersten Drittels ca. 9 cm lang und wiegt 35 g. | Hormonell bedingt kommt es bei der Mutter zu morgendlicher Übelkeit, evtl. sogar Erbrechen. Die unangenehmen Spannungen und das Schweregefühl in der Brust lassen die Mutter die Schwangerschaft schon frühzeitig erahnen. Es kommt häufiger zu Stimmungsschwankungen. Die innere Vorstellung von dem zukünftigen Baby ist noch sehr unklar. |
| 2. Schwangerschaftsdrittel 13. – 26. Woche | So entwickelt sich das Kind, das ab jetzt Fötus genannt wird | Veränderungen bei der Mutter |
| 13 Wochen alter Fötus 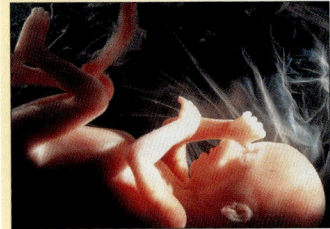 | Die Gesichtszüge, Nasenlöcher, Augenlider, Ohren, Finger und Zehen formen sich deutlich aus. Die inneren Organe nehmen ihre Funktionen auf (auch untereinander). Das Kind strampelt stärker. Die Gehirnzellen treten miteinander in Verbindung. Am Ende des Drittels kann das Kind Töne und Stimmen von außen wahrnehmen. Es wiegt jetzt ca. 1 kg und ist 35 cm lang. | Die Übelkeit lässt nach. Die Brust und der Bauch nehmen an Gewicht zu. Die Beine können Wasser einlagern und sich deshalb schwer und müde anfühlen. Es kommt häufiger zu Rückenschmerzen, manchmal auch zu Schlafproblemen. Etwa ab der 20. Schwangerschaftswoche kann die Mutter die Bewegungen des Kindes spüren. Sie beschäftigt sich gedanklich viel mit dem Kind und der Zukunft als Familie. Die emotionale Bindung an das Kind wird immer intensiver. |
| 3. Schwangerschaftsdrittel 27. – 42. Woche | So entwickelt sich das Kind | Veränderungen bei der Mutter |
| Ein Kind wird geboren 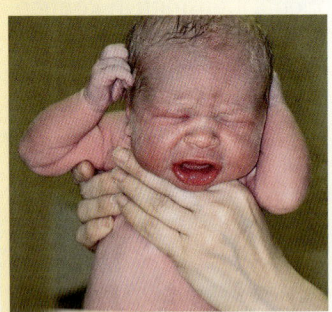 | Das Baby dreht sich in die endgültige Geburtsposition. Es wächst sehr schnell und nimmt an Gewicht zu. Es bildet sich Fettgewebe unter der Haut. Das Baby bekommt langsam „Pausbäckchen". Die Lungen reifen vollständig aus. Das Kind bewegt sich zum Ende des Drittels immer weniger, da es kaum noch Platz in der Fruchtblase hat. Es hat kurz vor der Geburt ein Gewicht von ca. 3 200 g und ist ca. 50 cm lang. | Die Mutter nimmt nochmals kräftig an Gewicht zu. Die Größe des Kindes macht ihr zu schaffen, denn es drückt den Magen-Darm-Trakt zusammen mit der Folge von festem Stuhlgang und der Gefahr der Bildung von Hämorriden. Es drückt auch auf das Zwerchfell, Kurzatmigkeit ist die Folge. Circa 4 Wochen vor der Geburt beginnen die Senkwehen, das Kind wird fester ins Becken gedrückt. Die Frau hat einen „Nestbautrieb" und bereitet die Ankunft des Babys vor. |

Tabelle 2.2  Die Schwangerschaft vom 1. bis zum 3. Schwangerschaftsdrittel

## 2.2 Der Verlauf einer natürlichen Geburt

Zu Beginn der Schwangerschaft wird vom Arzt der voraussichtliche Geburtstermin errechnet. Für diese Rechnung wird eine Schwangerschaftsdauer von 40 Wochen angenommen. Diese beginnen am ersten Tag der letzten Monatsblutung der Frau, obwohl sie zu diesem Zeitpunkt noch nicht schwanger ist.

Bekommt die schwangere Frau um den Geburtstermin herum **Wehen** (krampfartiges Zusammenziehen der Gebärmuttermuskulatur), die an Stärke zunehmen und regelmäßiger (ca. alle 5 Minuten) werden, sollte sie sich in die Klinik oder das Geburtshaus begeben. Die Geburt steht bevor. Eine natürliche Geburt verläuft in drei Phasen: **Eröffnungsphase**, **Austreibungsphase** und **Nachgeburtsphase**.

Die **Eröffnungsphase** dauert bei Erstgebärenden ca. 9 Stunden und bei Mehrfachgebärenden ca. 7 Stunden. Durch starke Muskelkontraktionen der Gebärmutter (Wehen) drückt der Kopf des Kindes auf den Gebärmutterhals, der dadurch gedehnt wird. Der Muttermund öffnet sich bis zu einer Weite von ca. 10 cm. In dieser Phase kommt es häufig zum Blasensprung und zum Abfließen des Fruchtwassers.

Die **Austreibungsphase** bis zur Geburt dauert bei Erstgebärenden ca. 2 bis 3 Stunden. Ist der Muttermund geöffnet, schiebt sich unter dem Druck der Wehen der Kopf des Kindes durch den Geburtskanal. Er folgt dabei einer genauen Geburtsmechanik. Hat der Kopf den Geburtskanal passiert, erfolgt eine seitliche Drehung und das Kind wird mit wenigen kräftigen Wehen erst mit einer Schulter und dann mit der anderen vollständig geboren.

Die Geburt ist beendet, wenn ca. 20 Minuten nach der Geburt des Kindes mit einer leichten Wehe, Plazenta, Fruchtblase und Nabelschnur ausgestoßen wurden **(Nachgeburtsphase)**. Das Kind wird abgenabelt, indem die Nabelschnur einige Zentimeter vom Nabel entfernt abgebunden und durchtrennt wird.

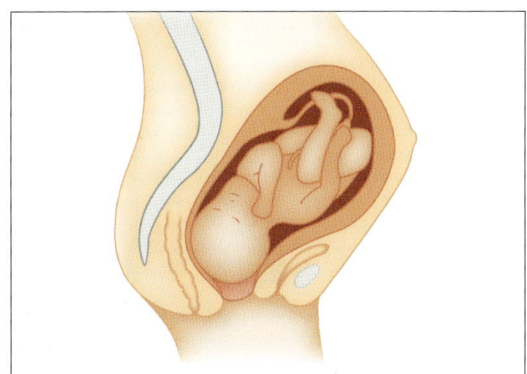

*Eröffnungsphase*

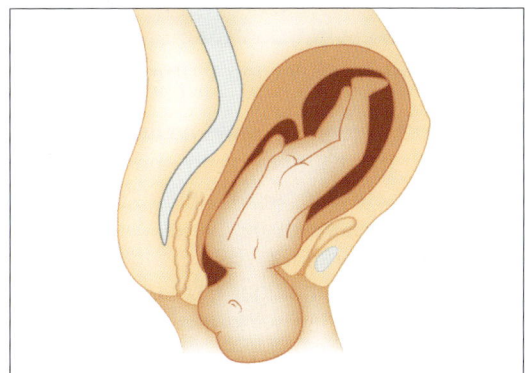

*Austreibungsphase*

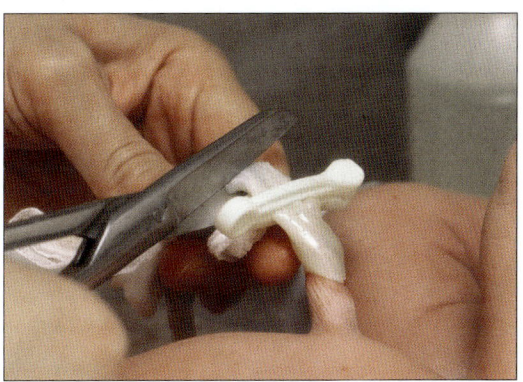

*Ein Kind wird abgenabelt*

Durch Bewegung und eine aufrechte Position der Schwangeren während der Geburt kann die Schwerkraft wirken. Der Muttermund öffnet sich leichter. Eine tiefe und gleichmäßige Atmung während der Wehen macht die Schmerzen erträglicher.

## 2.3 Bonding – ein gesunder Start ins Leben

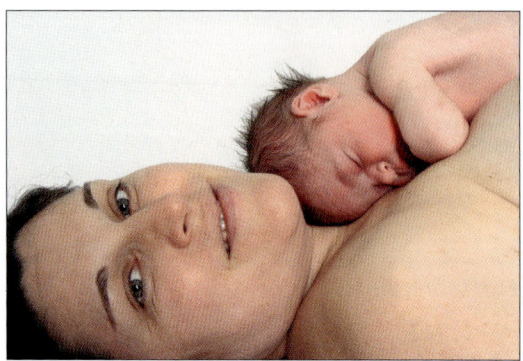

*Erste Begegnung zwischen Mutter und Kind*

In der Regel werden die Babys heute direkt nach der Geburt den Müttern nackt und noch nicht abgenabelt auf den Bauch gelegt, sofern der Gesundheitszustand beider dieses Vorgehen zulässt. Man hat erkannt, dass gerade der erste Kontakt von nachhaltiger Bedeutung für die weitere gesunde Entwicklung des Babys ist. Nach der ersten Versorgung kommen Mutter, Vater und Kind für einige Zeit in einen speziellen Ruheraum im Kreißsaal, bevor sie auf die Wochenstation entlassen werden. In dieser Zeit sind die Eltern mit ihrem Kind ungestört und können sich kennenlernen. Dieser Prozess wird als **Bonding** bezeichnet (engl. bond = Bündnis). Das erste gegenseitige Kennenlernen fördert grundlegend die **soziale Bindung** der Eltern zu ihrem Kind und umgekehrt.

Ein gutes Bonding prägt das menschliche Urvertrauen und hat sowohl körperliche als auch seelische Auswirkungen:

**Beispiele für körperliche Vorteile**

- Der intensive Hautkontakt erleichtert dem Baby den Übergang von der Gebärmutter zur Außenwelt.
- Die Hormonproduktion für das „Einschießen" der Milch in die Brust wird schneller angeregt, dies erleichtert das Stillen.

**Beispiele für seelische Vorteile**

- Der erste Blickkontakt fördert die emotionale Nähe und Verbundenheit.
- Das Neugeborene ist ruhiger und entspannter. Es schreit weniger.
- Die Mütter werden selbstbewusster im Umgang mit ihrem Baby und sind gelassener und geduldiger auch während stressreicher Phasen, z. B. fehlender Schlaf.

### Aufgaben

1. Nennen Sie mindestens drei Verhütungsmethoden und deren Sicherheit.
2. Beschreiben Sie mit eigenen Worten die Entwicklung eines Babys im Mutterleib von der Befruchtung bis zur Geburt.
3. Nennen Sie die drei Phasen der Geburt.
4. Beschreiben Sie, was unter dem Begriff „Bonding" verstanden wird.

### Informationen zur Schwangerschaft sammeln

Besorgen Sie sich z. B. beim Gynäkologen oder bei der Krankenkasse Informationen zum Thema Schwangerschaft und Geburt.

Bilden Sie in der Klasse zwei Gruppen und gestalten Sie zu jedem Thema ein Plakat. Stellen Sie es Ihren Mitschülerinnen vor. Folgende Fragen dienen als Leitfragen und können ergänzt werden.

**1. Thema: Ernährung einer Schwangeren**
- Wie sollte eine gesunde Ernährung in der Schwangerschaft aussehen und warum ist sie wichtig?
- Welche Lebensmittel sollte die Frau meiden und warum?
- Muss sie nun für zwei Personen essen?

**2. Thema: Vorsorge einer Schwangeren**
- Warum ist eine gute Vorsorge wichtig und welche Untersuchungen werden dabei vorgenommen?
- Was ist ein Mutterpass? Welche Einträge enthält er?
- Wo kann sich eine Frau beraten lassen, wenn sie ungewollt schwanger geworden ist?

## 3.1 Die Erstausstattung für das neugeborene Baby

*Laura (19 Jahre) ist ausgebildete Kinderpflege-*
*rin und arbeitet in der Kinder- und Jugendhil-*
*fe. Gemeinsam besucht sie heute mit ihrer Kol-*
*legin Monika die Familie Moorbach. Frau*
*Moorbach hat vor sechs Wochen den kleinen*
*Tim zur Welt gebracht. Als Laura das Kinder-*
*zimmer von Tim betritt, stellt sich ihr folgen-*
*de Situation dar:*

### Aufgaben

1. Betrachten Sie das Bild und erläutern Sie, welche der dargestellten Gegenstände das neugeborene Baby von Anfang an benötigt und welche eher überflüssig sind.
2. Wo sehen Sie auf den ersten Blick Gefahrenquellen, wenn das Kind mobiler wird?
3. Formulieren Sie Tipps, die Sie Familie Moorbach zur Einrichtung einer sicheren Schlafumgebung geben würden.

Wird ein Baby geboren, benötigt es einige Dinge, um sich vom ersten Tag an auf der Welt geborgen und sicher zu fühlen. Eine gute Vorbereitung erleichtert den betreuenden Personen den Umgang mit dem neugeborenen Kind. Vorab sollten einige Kleidungsstücke angeschafft sowie ein geeigneter Schlafplatz und eine gute Wickelmöglichkeit eingerichtet werden.

Es müssen aber nicht alle Dinge neu angeschafft werden. Viele Kleider und Ausstattungsgegenstände sind gut erhalten und günstig z. B. auf Secondhandmärkten von den Gemeinden zu kaufen.

Um Schadstoffe in der Kleidung zu vermeiden, neue Kleidung vor Gebrauch waschen und auf Etikett mit dem Gütesiegel Öko-Tex achten.

TEXTILES VERTRAUEN
Schadstoffgeprüfte Textilien
nach Öko-Tex Standard 100
Prüf-Nr. 00.0.00000    Institut

| Bett und Bettausstattung | Die Kleidung |
|---|---|
| 1 Stubenwagen/Körbchen oder<br>1 Gitterbett<br>1 Matratze (schadstoffarm, siehe Etikett)<br>2 wasserdichte Einlagen als Nässeschutz<br>2 – 3 Bettlaken oder Spannbetttücher<br>1 luftdurchlässiges, waschbares dünnes Oberbett<br> (80 x 80 bzw. 100 x 135 cm)<br>2 – 3 Bettbezüge<br>**alternativ zur Decke:**<br>1 – 2 Babyschlafsäcke | **Größe 56 – 62**<br>6 Hemdchen und 10 Frotteehöschen oder 6 Bodys<br>6 Baumwollhemden (hinten zu binden)<br>4 – 6 Strampler, 1 Strickjacke<br>1 Wollmütze oder 1 Sonnenhut<br>2 – 3 Baumwollmützen<br>1 – 2 Ausfahrjacken<br>2 – 4 Paar Babysöckchen<br>2 – 4 Schlafanzüge, 4 Spucktücher |
| **Wickeln** | **Körperpflege** |
| 1 Wickelkommode mit Auflage oder<br>1 Wickelaufsatz für die Badewanne<br>ca. 20 Stoffwindeln mit Einlagen<br>4 atmungsaktive Überhosen **oder**<br>2 Packungen Einwegwindeln Größe mini<br>1 Windeleimer, Trockentücher, Feuchttücher und<br>Waschlappen | Baby-Badewanne mit Ständer<br>Badethermometer<br>Geteilte Waschschüssel<br>Badetücher, Baby-Haarbürste<br>Baby-Nagelschere<br>Fieberthermometer<br>Wundschutzcreme, Baby-Badeöl |
| **Ernährung** | **Sonstiges** |
| Stilleinlagen, z. B. aus Baumwolle<br>**oder:** 6 Milchflaschen, 2 Teeflaschen<br>6 Milchsauger, 2 Teesauger<br>1 Flaschentrichter<br>Säuglingsmilchnahrung<br>1 Flaschenbürste, 1 Saugerbürste | 1 kleine Wolldecke, 1 Krabbeldecke für den Boden<br>evtl. 1 Lammfell als Einlage für den Kinderwagen<br>Kinderwärmflasche oder Kirschkernsäckchen |

*Tabelle 3.1  Die Erstausstattung eines Babys*

## 3.2  Die Einrichtung einer gesunden Schlafumgebung

Heute weiß man, dass die richtige Schlafumgebung einen großen Einfluss auf die Gesundheit des Kindes hat. Viele Unfälle und sogar der plötzliche Kindstod können dadurch deutlich reduziert werden.

Unter dem **plötzlichen Kindstod** wird der unvorhersehbare Tod eines Kindes im 1. Lebensjahr während des Schlafens verstanden. Dabei gibt es in der Regel keinerlei Vorwarnungen, da die Babys völlig gesund sind und dennoch unerwartet versterben. Aufgrund einer verbesserten gesundheitlichen Vorsorge und der Erkenntnisse zur gesunden und natürlichen Schlafumgebung hat sich die Anzahl der am plötzlichen Kindstod verstorbenen Säuglinge seit ca. 1990 bis zum Jahr 2006 etwa auf ein Drittel verringert (von 2 000 Babys stirbt ca. 1 Baby am plötzlichen Kindstod).

*Ein Baby in natürlicher und gesunder Schlafumgebung*

**Standort des Bettes**

Im 1. Lebensjahr ist ein Platz im Elternschlafzimmer für das Kinderbett geeignet. Dieser Standort erleichtert das nächtliche Stillen und die Atemgeräusche der Eltern beeinflussen positiv die Atmung des Babys, die zu diesem Zeitpunkt noch nicht ganz automatisch funktioniert. Schläft das Baby in einem anderen Raum, ist es empfehlenswert, ein Babyfon aufzustellen. Das Baby wird damit früher gehört.

Schlafen Babys im Elternbett, sollten sie einen Schlafsack tragen und nicht von der großen Bettdecke der Eltern zugedeckt werden.

Babys dürfen nicht mit Erwachsenen in einem Bett schlafen, wenn die Personen

- Raucher sind,
- Alkohol getrunken haben,
- krank sind oder
- Medikamente

genommen haben.

Dann besteht die Gefahr, dass nicht rechtzeitig auf das Kind reagiert werden kann und es im Schlaf „überrollt" wird.

Kinder, die z. B. in einem Kinderhort schlafen, sollten zum Schlafen einen separaten, ruhigen Raum nutzen können, um sich von den vielen Eindrücken und dem Lärm in der Kindergruppe zu erholen. Die betreuenden Personen müssen aber in der Nähe bleiben, um auf die Bedürfnisse, z. B. Weinen, schnell reagieren zu können.

**Bett- und Raumgestaltung**

Das Bett darf niemals direkt neben einem Heizkörper oder in der prallen Sonne stehen, damit es dem Baby nicht zu heiß wird.

Die Abstände der Gitterstäbe am Bett sollten maximal 4 bis 7 cm betragen, damit das Kind seinen Kopf nicht hindurchstecken kann.

Zur Vermeidung von Unfällen sollten Lampen, Lichtschalter, Steckdosen, Stromkabel, Schnüre und elektrische Geräte vom Bett aus unerreichbar sein (→ S. 97).

**Die Schlafposition**

Von Wissenschaftlern wird die **Rückenlage** als beste Schlafposition für einen Säugling empfohlen.

Studien belegen, dass die Sterberate durch den plötzlichen Kindstod bei dieser Schlafhaltung am geringsten ist. Der Kopf liegt frei und das Kind kann gleichmäßig durch die Nase atmen. Weiter haben Arme, Beine und der Kopf in dieser Lage die beste Bewegungsfreiheit. Dies unterstützt eine gute Entwicklung der Muskulatur sowie der noch unreifen Hüftgelenke.

**Das Klima**

Die Raumtemperatur sollte zum Schlafen bei 16 bis 18 °C liegen. Der Raum muss täglich ausreichend gelüftet werden und absolut rauchfrei sein.

**Das Bettzeug**

Ein Kind braucht kein Kissen, bevor es etwa vier Jahre alt ist. Besonders im ersten Lebensjahr kann der Kopf des Kindes so stark in das Kissen einsinken, dass die eigene Atemluft wieder eingeatmet wird und es zu wenig Sauerstoff erhält (Rückatmung). Überschüssige Wärme kann über den Kopf nicht abgegeben werden. Deshalb sollte ein Baby in der Nacht auch keine Mütze tragen.

Statt einer dicken Decke, unter die das Kind rutschen kann, empfiehlt sich ein gut passender, der Jahreszeit entsprechender Babyschlafsack.

> So wird die richtige Schlafsackgröße für das Baby berechnet: Körpergröße minus Kopfhöhe des Babys plus 10 cm zum Wachsen.

*Ein Baby im Schlafsack*

## 3.3 Transportmöglichkeiten für Babys und Kleinkinder

*Die Kindergruppe Hoppelhasen plant einen Ausflug in den nahe gelegenen Tierpark. Zum Transport der Kinder im Alter von 18 Monaten und 3 Jahren steht der Gruppe ein Pkw mit 4 und ein Transporter mit 7 Sitzplätzen zur Verfügung. An diesem Ausflug können also 11 Personen teilnehmen. Da die Gruppe allerdings aus 10 Kindern und 2 Betreuern besteht, schlägt die Sozialassistentin Tanja vor, die kleine Melanie bei der kurzen Fahrt zum Park auf ihren Schoß zu setzen.*

### Aufgabe

Beurteilen Sie den Vorschlag von Tanja.

### 3.3.1 Der Autositz

Für die Fahrt im Auto ist für Babys und Kinder je nach Alter und Gewicht ein spezieller Autositz **gesetzlich vorgeschrieben**.

*Babyschale für das 1. Lebensjahr und Kindersitz für das Auto bis zum 12. Lebensjahr*

Die Kaufentscheidung eines Kindersitzes sollte nicht nach dem Aussehen, sondern nach der Sicherheit erfolgen. Der ADAC und Stiftung Warentest führen regelmäßig Tests dazu durch. Infos dazu findet man in Zeitschriften und dem Internet (→ S. 121).

### 3.3.2 Das Tragetuch

Eine empfehlenswerte Anschaffung ist das Tragetuch. Für kurze Einkäufe, Spaziergänge oder für die Hausarbeit ist das Tragen des Babys im Tragetuch sehr praktisch. Besonders unruhige Babys, die schwer in den Schlaf finden, beruhigen sich häufig während sie getragen werden. Der tragenden Person bleiben die Hände für kleine Tätigkeiten frei.

Dabei sind folgende Punkte zu beachten:
- Es sollte ein spezielles Tragetuch für Säuglinge verwendet werden, da dieses aufgrund seiner Webart besonders stabil und reißfest ist.
- Der empfindliche Rücken des Babys muss beim Tragen immer gut gestützt werden und sollte zu seinem Schutz nicht über längere Zeit in einer stark gekrümmten Haltung verharren.
- Die Trageart sollte entsprechend dem Alter des Babys ausgewählt werden. Die Anbieter der Tücher sowie Hebammen informieren über die verschiedenen Bindemöglichkeiten eines Tuches.

*Ein Baby im Tragetuch*

Die richtige Länge des Tragetuches richtet sich nach der eigenen Körpergröße und der gewünschten Tragetechnik. Für die oben gezeigte Technik muss das Tuch mindestens 4,60 m lang sein.

### 3.3.3 Der Kinderwagen

Bevor das Baby zur Welt kommt, sollte überlegt werden, ob sich die Anschaffung eines Kinderwagens lohnt. Wird das Baby hauptsächlich im Tragetuch getragen, ist ein Kinderwagen vorerst nicht unbedingt notwendig.
Entscheidet man sich für einen Kauf, ist es sinnvoll, darauf zu achten, dass der Wagen eine mobile Tragetasche hat und dass er später zum Sportwagen („Buggy") umgebaut werden kann.

> Unbedingt darauf achten, dass das Baby im Kinderwagen mit geradem Rücken und nicht gekrümmt liegt. So kann späteren Haltungsschäden vorgebeugt werden. Ein Kinderwagen, der als Aufsatz die Babyschale aus dem Auto hat, ist aus diesem Grund nicht empfehlenswert.

*Das Baby benötigt nur so lange einen richtigen Kinderwagen, bis es gut alleine sitzen kann.*

## 3.4  Körperpflege bei Kindern

*„Säuglingspflege ist Erziehung.*
*Die Mehrzahl seiner sozialen Erfahrungen macht ein Säugling, während er gewickelt, gebadet, an- und ausgezogen und gefüttert wird. Die Pflege sollte deshalb von liebevollem Respekt bestimmt sein. Die Hände, die das Kind pflegen, sollten tastend, empfindsam und einfühlsam sein."*

Emmi Pikler, Kinderärztin, 1940

### Aufgaben

1. Führen Sie das auf S. 23 vorgeschlagene Experiment in der Klasse durch.
2. Tauschen Sie sich im Klassenplenum aus und schildern Sie, wie Sie sich jeweils bei der Körperpflege ohne Ansprache und mit Ansprache gefühlt haben.
3. Vergleichen Sie die über 70 Jahre alte Aussage Piklers mit den Erfahrungen aus dem durchgeführten Experiment.
4. Formulieren Sie einen Merksatz, wie eine betreuende Person die Pflege bei einem Säugling und Kleinkind durchführen sollte.

Die Pflege eines Kindes ist manchmal sehr zeitaufwendig. Wird sie jedoch nicht nur als lästige Aufgabe angesehen, kann sie in einem hohen Maße die soziale Bindung zwischen der betreuenden Person und dem Kind fördern. Eine Voraussetzung dafür ist, dass gerade diese Zeit auch als Zeit der Zuwendung und Kommunikation genutzt wird.

Fingerspiele, Lieder oder eine sanfte Massage des Körpers machen die Pflegezeit zur Freude für alle Beteiligten. Da Kinder Regelmäßigkeiten lieben, die ihnen das Gefühl von Sicherheit vermitteln, ist es sinnvoll, für das Spielen und Baden feste Zeiten im Tages- oder Wochenablauf einzuplanen (→ S. 24 f.).

## 3.4.1 Baden und Waschen eines Säuglings

Die Haut des Neugeborenen ist sehr zart und empfindlich. Die Talgdrüsen arbeiten noch nicht so intensiv wie bei einem Erwachsenen und der **Säureschutzmantel**, der die gesamte Haut des Menschen umgibt und vor äußeren Einflüssen schützt, ist noch nicht vollständig aufgebaut. Das Baby kann ab dem ersten Tag gebadet werden. Um die Haut allerdings nicht unnötig zu belasten, genügt anfangs das Waschen mit einem lauwarmen Waschlappen auf der Wickelunterlage. Auf einen Badezusatz sollte in den ersten sechs Wochen ganz verzichtet werden.

Der **Nabelbereich** wird bei der Reinigung in den ersten Tagen gemieden. Der Nabelrest wird offen gelassen oder dünn mit einer Kompresse umwickelt. In etwa 3 bis 10 Tagen nach der Geburt trocknet er aus und fällt ab. Abgeheilt ist der Nabel eine ganz normale Hautfalte.

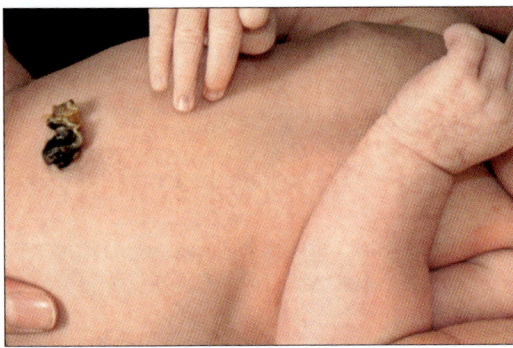

*Baby mit eingetrocknetem Nabelrest*

> Heilt der Nabel nur schwer und sind starkes Nässen, Blutungen oder sogar Entzündungen im Nabelbereich zu beobachten, muss umgehend der Kinderarzt aufgesucht werden.

### Der richtige Zeitpunkt für ein Bad

Ein Bad ist wohltuend für den gesamten kindlichen Organismus. Auf viele Babys wirkt es beruhigend und schlaffördernd. In diesem Fall kann das Bad nach einigen Wochen ca. 2- bis 3-mal in der Woche als **Teil des Gutenachtrituals** durchgeführt werden.

Ist das Baby nach dem Bad sehr aufgedreht, ist es sinnvoller, es **morgens** zu baden.

- Das Bad sollte anfangs nicht länger als etwa 5 Minuten dauern.
- Für das Badewasser eignet sich am besten ein **rückfettender Badezusatz** (neutraler pH-Wert unter 7) mit natürlichen Inhaltsstoffen, z. B. reines Mandelöl. Das ist besonders wichtig für Babys mit trockener Haut.
- Herkömmliche Seifen sollten gemieden werden. Sie trocknen die Haut zu stark aus und können ihren Säureschutzmantel zerstören.

### Die Vorbereitung eines Bades

- Das Wasser muss Körpertemperatur haben (36 bis 37 °C), damit es dem Baby nicht zu heiß ist. Die Temperatur wird mit einem Badethermometer gemessen.
- Die Raumtemperatur sollte bei 23 °C liegen. Für das Spielen und Anziehen nach dem Bad ist ein zusätzlich über der Wickelkommode angebrachter Heizstrahler hilfreich.
- Türen und Fenster schließen, um Zugluft zu vermeiden.
- Wickel- und Anziehsachen bereitlegen.
- Ein Handtuch direkt am Wannenrand bereithalten.
- Falls das Baby die Windel voll hat, wird der Po vor dem Bad gereinigt, damit das Badewasser nicht verschmutzt wird.

### Die Durchführung eines Bades

Damit sich das Baby in der Badewanne sicher fühlt und nicht wegrutschen kann, ist der richtige Griff beim Baden von großer Bedeutung (→ Abb. auf der nächsten Seite). Das Baby wird zu Beginn des Bades mit den Füßen voran in das Wasser eingetaucht, damit es nicht erschrickt und auf zu heißes Wasser reagieren kann.

**In dieser Reihenfolge wird das Baby gewaschen**

**Die Augen** zuerst mit einem sauberen Waschlappen reinigen, um einer Infektion durch Keime vorzubeugen. Sie werden dabei immer von außen nach innen vorsichtig ausgewischt.

**Die Ohren** nur im sichtbaren Bereich vorsichtig säubern. Dazu die feuchte Spitze einer Mullwindel oder spezielle Baby-Wattestäbchen verwenden, die nicht so tief in das Ohr eindringen und das Trommelfell verletzen können.

**Der Bauch, die Beine und der Rücken** werden vor dem **Gesäß** gewaschen.

**Die Genitalien** der Mädchen so waschen, dass die Reinigung von den Schamlippen weg zum After erfolgt. Darmbakterien können so nicht in die Scheide gelangen.

**Das Glied** der Jungen zumindest im ersten Lebensjahr nur von außen waschen. Die Vorhaut ist oft noch eng und mit der Eichel verklebt. Das Zurückschieben der Vorhaut aus falschem Hygienedenken führt zu Verletzungen.

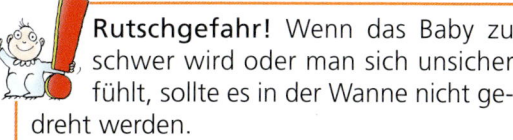

**Rutschgefahr!** Wenn das Baby zu schwer wird oder man sich unsicher fühlt, sollte es in der Wanne nicht gedreht werden.

**Beispiele für Fingerspiele nach dem Baden:**

Das ist das Babettchen, das will nicht ins Bettchen, die Elfriede ist auch nicht müde, der lange Klaus will noch mal raus, der Peter unterdessen will noch was essen, nur unsere Finja, lieb und nett, nimmt Teddy ans Beinchen und geht ins Bett!

Der sagt, wenn's regnet, dann werde ich nass, der sagt, wenn's regnet, dann macht`s mir keinen Spaß, der sagt, wenn's regnet, dann geh ich nicht raus und der sagt, wenn's regnet, dann bleib ich zu Haus. Aber der sagt, wenn's regnet, dann ist es doch schön, dann kann ich mit den Gummistiefeln durch die Pfützen gehn!

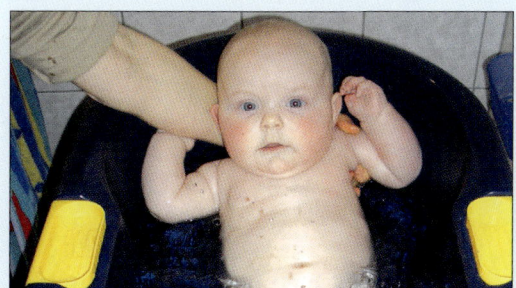

*Badegriff Rücken*

Der linke Arm, bei Linkshändern umgekehrt, wird unter den Nacken des Babys geschoben, die Hand umfasst den Oberarm des Kindes in Höhe der Achselhöhle. Die rechte Hand ist zum Waschen von Gesicht und Körper frei.

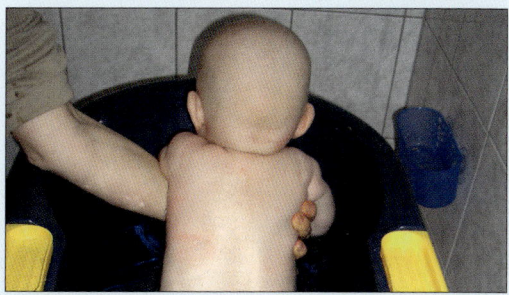

*Badegriff Bauch*

Zum Waschen des Rückens und des Pos wird das Baby mit der rechten Hand in Bauchlage gedreht. Der Arm greift unter den Armen des Babys durch und stützt es mit Hals und Kinn auf dem eigenen Unterarm. Die Hand umfasst den Rumpf oder den Oberarm des Kindes in Höhe der Achselhöhle.

**Die Pflege nach dem Bad**

Nach dem Bad wird das Baby in ein Handtuch gehüllt und sorgfältig abgetrocknet. Sehr kleine Babys werden vorsichtig abgetupft.

Zur Verhütung von Hauterkrankungen sollten beim Abtrocknen vor allem die Stellen hinter den Ohren, in den Achselhöhlen, zwischen den Fingern und Zehen, in den Leistenbeugen und den Kniekehlen nicht vergessen werden.

Bei der Verwendung von rückfettenden Badezusätzen ist ein Eincremen nach dem Bad nicht unbedingt notwendig.

Im Winter ist es wichtig, die zarte Gesichtshaut mit einer wasserfreien fetthaltigen Gesichtscreme vor Austrocknung durch die kalte Luft zu schützen. Im Sommer genügt eine wasserhaltige leichte Babygesichtscreme.

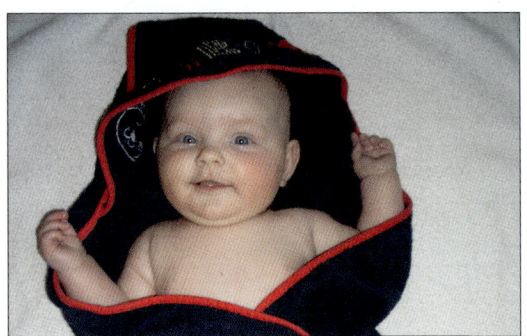

*Baby nach dem Bad im Kapuzenhandtuch*

Beim Baden und Eincremen gilt die Faustregel „weniger ist mehr". Es sollten nur wenige, aber dafür gute Pflegeprodukte mit natürlichen Inhaltsstoffen verwendet werden. Konservierungsstoffe und synthetische Farb- und Duftstoffe sind zur Vorbeugung von Allergien zu meiden.

Ein nacktes Baby strampelt besonders viel und aktiv, deshalb sollte ihm nach dem Baden oder Waschen in einem warmen Raum dazu Gelegenheit gegeben werden. Das freie Strampeln fördert die Entwicklung der Muskulatur von Rücken, Bauch und Beinen.

## 3.4.2 Die Hautpflege bei Kleinkindern

*Kinder lieben Sand und Wasser, vor allem, wenn daraus „Matsche" wird. Die anschließende Körperpflege dagegen mögen sie eher weniger.*

Auch wenn es den Kindern häufig gleichgültig ist, ob sie verschmutzt sind oder nicht, ein gewisses Maß an Körperpflege muss sein. Auf verschmutzter und verschwitzter Haut fühlen sich krankheiterregende Keime besonders wohl. Außerdem können Schadstoffe aufgenommen werden, z. B. beim Essen mit verschmutzten Händen, die die Gesundheit des Kindes gefährden.

Da auch Kleinkinder noch eine empfindliche Haut haben, sollten einige Regeln bei der täglichen Pflege beachtet werden:

- 2-mal die Woche Duschen oder Baden genügt. An den anderen Tagen werden Gesicht, Hände und die Genitalien der Kinder mit lauwarmem Wasser und einem Waschlappen gewaschen.
- Ist das Kind stark verschwitzt, z. B. im Sommer, genügt eine schnelle Dusche mit lauwarmem Wasser ohne Seife.
- Sind die Füße verschwitzt oder versandet, können sie in der Badewanne, das Kind sitzt auf dem Badewannenrand, damit es nicht umfällt, abgeduscht werden.
- Die Pflegeprodukte sollten eine natürliche Zusammensetzung haben und sparsam verwendet werden (→ S. 14).

Kinder mögen Gesellschaft. Gemeinsam mit anderen Kindern macht das Waschen gleich viel mehr Spaß. Spielerisch wird bei der Pflege soziales Verhalten geübt und die Bindung zwischen den Kindern gestärkt.

Die betreuenden Personen sind den Kindern **Vorbilder** für eine gute Körperpflege. Deshalb ist es wichtig, dass sie zu Hause und in der Einrichtung ebenfalls vor dem Essen oder nach dem Toilettengang die Hände waschen, sich regelmäßig die Zähne putzen, duschen oder baden.

### 3.4.3 Hauterkrankungen im Babygesicht – was ist zu tun?

| Bezeichnung | Ursache | Erscheinungsbild | Was ist zu tun? |
|---|---|---|---|
| Neugeborenen-Akne 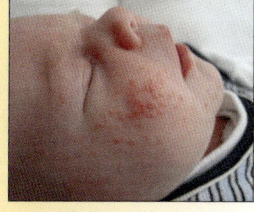 | In den ersten sechs Wochen nach der Geburt stellen sich die Hormone des Babys um. Die Talg- und Schweißdrüsen produzieren in dieser Zeit sehr viele Sekrete, die die Poren der Haut verstopfen. | Vorwiegend im Gesicht entstehen kleine weiße Pickelchen, rote Knötchen oder sogar eitergefüllte Pusteln. In der Regel ist die Akne harmlos. In seltenen Fällen kann sie jucken. | Ist die Umstellung der Hormone vorbei, vergeht die Akne von selbst wieder.<br>• Bei Unsicherheiten den Kinderarzt um Rat fragen.<br>• Fingernägel kurz schneiden, damit sich das Baby nicht kratzt.<br>• Kopf auf eine saubere Mullwindel legen, um Entzündungen der Pickel vorzubeugen. |
| Milchschorf 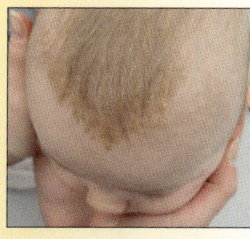 | Die Ursache des Milchschorfs ist noch unbekannt. Er kann ein Vorzeichen für Neurodermitis sein. | Der Schorf sieht aus wie übergekochte Milch auf der Herdplatte, daher der Name. Er bildet sich in der Regel auf dem Kopf, kann sich aber auch in das Gesicht und die Augenbrauen ziehen. Er tritt trocken oder nässend auf. | • Ist der Milchschorf sehr stark ausgeprägt, den Arzt um Rat fragen.<br>• Milchschorf abends mit hochwertigem Öl, z. B. Olivenöl, einölen. Morgens die Schuppen auskämmen und anschließend mit mildem Shampoo auswaschen. |
| Hautreizungen im Gesicht | Neue und unbekannte Nahrungsmittel zu Beginn der Beikost oder eine allergische Reaktion auf den eigenen Speichel, der jetzt durch das Zahnen stärker fließt. | Es kommt zu trockener, schuppiger oder sogar rissiger Haut im Gesicht. | • Bestimmte Nahrungsmittel weglassen (→ S. 58).<br>• Das Gesicht trocken halten, mit weichem Tuch oder Stoffwindel abtupfen.<br>• In hartnäckigen Fällen eine Wundschutzcreme auf die trockenen Hautstellen auftragen. |

*Tabelle 3.2  Hauterkrankungen im Gesicht von Säuglingen im ersten Lebensjahr und deren Pflege*

### 3.4.4 Die Pflege von Haaren und Nägeln

**Die Haare** von Babys und Kleinkindern werden in der Badewanne nur mit klarem Wasser und gelegentlich mit einem milden Baby- oder Kindershampoo gewaschen, da die Kopfhaut noch empfindlich ist und die Talgdrüsen noch nicht richtig arbeiten.

Im Fall von Kopfschuppen oder Verklebungen wird das Haar vorsichtig mit einem Kamm gekämmt. Die Verklebungen sollten vorher eingeweicht werden, um dem Kind nicht weh zu tun (Pflege von Milchschorf → S. 17).

**Die Finger- und Fußnägel** werden etwa in den ersten vier Lebenswochen des Säuglings gar nicht geschnitten, da die Gefahr besteht, dass die zarte Nagelhaut beim Schneiden einreißt und sich entzündet.

Später sollten die Nägel regelmäßig geschnitten werden, weil sich die Kinder sonst selbst, häufig im Schlaf, stark kratzen. Die Nägel werden am besten nach dem Bad geschnitten, da sie dann weicher sind. An den Fingern werden sie rund und an den Zehen gerade abgeschnitten, wenn sie über die Finger- bzw. Zehenkuppen hinausragen.

> **Tipps, um Verletzungen durch Zappeln vorzubeugen**
> - Die Nägel im Schlaf schneiden.
> - Zu zweit: Einer schneidet, einer lenkt das Kind ab.
> - Fingerreime aufsagen.

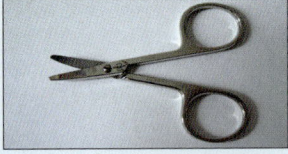

Zur Vorbeugung von Verletzungen sollte für die Nagelpflege von Säuglingen und Kleinkindern eine spezielle Kindernagelschere verwendet werden. Die Spitze der Schere ist vorne abgerundet.

### 3.4.5 Die Zahnpflege

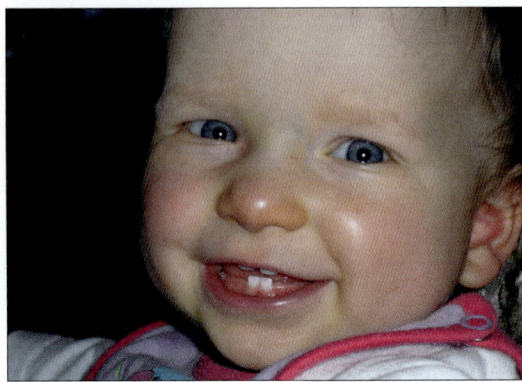

*Ein Baby mit den ersten gesunden Milchzähnen*

Ist das Baby ungefähr 6 Monate alt, zeigen sich die ersten **Milchzähne**. Gewachsen sind sie im Kiefer schon in den Wochen davor, was das Baby manchmal mit unerklärbarem Weinen oder Unruhe anzeigt. Man spricht dann auch vom „Zahnen". Treten die Zähne durch das Zahnfleisch hindurch, sind die Schmerzen in den meisten Fällen vorüber.

Grundsätzlich gilt, dass die Zahnpflege mit dem ersten Milchzahn beginnt. Können die kleinen Zähne auch noch nicht richtig gebürstet werden, so sollte die Pflege dennoch von Anfang an selbstverständlich zum Alltag gehören, um das Kind daran zu gewöhnen.

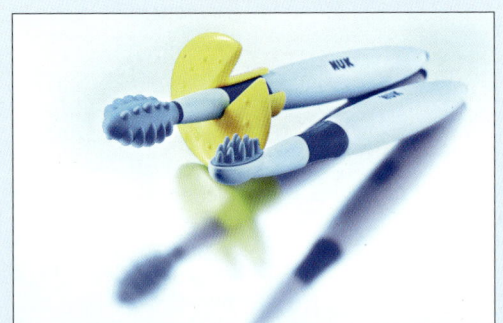

Nach dem 1. Lebensjahr werden zur Zahnpflege spezielle Lernzahnbürsten verwendet. Der Kopf dieser Bürsten und die Borsten sind kurzer und weicher als bei Zahnbürsten für Erwachsene.
Der Griff ist kindgerecht geformt.

Ständiges Saugen an Babytrinkflaschen (auch mit Wasser) und gesüßte Tees sollten für Babys tabu sein, da die Entstehung von Karies dadurch begünstigt wird.

*Enstehung von Karies*

| Süße Nahrungs- | + | Bakterien, | + | Zeit | = | Beläge |
| mittel, | | die im Mund | | | | (Plaque), |
| z. B. | | leben | | | | die Karies |
| gesüßter Tee | | | | | | verursachen |

Ein geschädigtes Milchgebiss schadet den bleibenden Zähnen, die tief im Kiefer bereits heranwachsen.

| Alter des Kindes | So wird geputzt | So oft wird geputzt |
| --- | --- | --- |
| Babys bis 18 Monate | Mit dem Zipfel von einer Mullwindel vom Zahnfleisch zur Zahnkrone wischen. Sind mehrere Zähne vorhanden, bekommt das Kind eine eigene Zahnbürste, z. B. eine Lernzahnbürste (→ Abb. S. 18). Es wird keine oder nur extrem wenig Zahnpasta verwendet, da Kinder in diesem Alter noch nicht ausspucken können. Die betreuende Person putzt die Zähne, das Kind kann mit einer zweiten, eigenen Bürste mitputzen. | 1-mal am Tag |
| 18 Monate bis 3 Jahre | Das Kind kann aktiver mitputzen, die Hauptreinigung übernimmt aber immer noch der Erwachsene. Es sollten nun auch die Innenseiten der Ober- und Unterkieferzähne gereinigt werden. | 1-mal am Tag |
| 3 bis 5 Jahre | Die kindliche Motorik ist so weit entwickelt, dass eigenständiges Zähneputzen möglich wird. Die richtige Putztechnik sollte spielerisch vermittelt werden. Der Erwachsene sollte immer noch vor- oder nachputzen. | 2-mal am Tag |
| Ab 6 Jahre | Motorisch ist das Kind so weit, dass es nun alleine putzen kann. Es sollten aber noch regelmäßige Kontrollen durch einen Erwachsenen erfolgen. | Mindestens 2-mal am Tag, am besten jedoch nach jeder Mahlzeit. |

*Tabelle 3.3 Zahnpflege im Säuglings- und Kleinkindalter*

**Mit KAI werden die Zähne sauber – Die richtige Zahnputztechnik**

1. **K**auflächen – Mit der Zahnbürste von den Backenzähnen nach vorn zu den Schneidezähnen säubern.

2. **A**ußenflächen – Die Zähne fletschen und in kreisenden Bewegungen von hinten nach vorn putzen.

3. **I**nnenflächen – Die Zahnbürste wird am Zahnfleisch angesetzt und aus dem Handgelenk nach oben gedreht. Die Zähne im Oberkiefer von oben nach unten und die im Unterkiefer von unten nach oben putzen.
Die **Schneidezähne** werden von hinten am besten geputzt, wenn die Bürste hochkant gehalten wird.

Das Zähneputzen sollte 3 Minuten dauern. Damit Kinder ein Gefühl für die Zeit bekommen und motiviert sind durchzuhalten, eignen sich bunte Zahnputzuhren – ähnlich wie Eieruhren. Wenn sie einmal durchgelaufen sind, ist die Zahnputzzeit um.

*Zahnputzuhr*

# 3.5 Das Wickeln eines Babys

*Ina macht ein Praktikum in einer Kinderkrippe. Die Babys dort werden alle mit Einmalwindeln gewickelt. Die Eltern nehmen die Windeln zur Abholzeit mit, damit die Kinderkrippe nicht jeden Tag einen großen Müllberg entsorgen muss. Ina ist sehr umweltbewusst und findet das Wickeln mit Papierwindeln aufgrund des vielen Mülls unökologisch. Marina, die Leiterin der Krippe, erklärt ihr jedoch, dass ihrer Ansicht nach auch Stoffwindeln unökologisch sind, da sie viel Wasser und Reinigungsmittel beim Waschen verbrauchen sowie Energie beim Trocknen im Trockner. Schnell ist eine hitzige Diskussion zwischen den beiden ausgebrochen.*

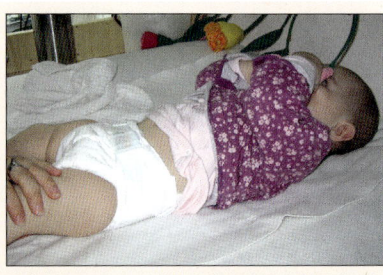

*Baby in Einmalwindel*

### Aufgaben

Bei der städtischen Abfallwirtschaft und im Internet erhalten Sie Broschüren und Informationen zu den Ökobilanzen von Einmalwindeln und Stoffwindeln. Bitte besorgen Sie sich diese.

1. Erstellen Sie mithilfe Ihrer Informationen eine Tabelle mit Vor- und Nachteilen beider Windelarten.
2. Diskutieren Sie diese in der Klasse.

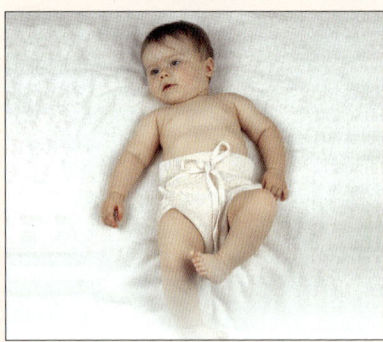

*Baby in Stoffwindel*

Eines der wichtigsten „Kleidungsstücke" eines Babys ist seine Windel, da es sie lange Zeit trägt. Deshalb sollten bei der Auswahl der Windelart folgende Punkte beachtet werden:

- Das Baby muss sich in der Windel wohlfühlen und sie auf der Haut gut vertragen.
- Das Kind braucht genügend Bewegungsfreiheit, damit sich die Hüfte und die Beinmuskulatur optimal entwickeln können.
- Die Windel sollte sich leicht handhaben lassen und immer gut sitzen, damit nichts ausläuft.
- Die passende Größe der Einmalwindeln richtet sich nach dem Gewicht des Kindes und steht auf der Verpackung.
- Vor dem Kauf von Stoffwindeln sollte man sich im Fachgeschäft gut beraten lassen.

Grundsätzlich werden zwei verschiedene Windelarten unterschieden:

- Einmalwindeln
- Stoffwindeln

Beide Arten haben Vor- und Nachteile von unterschiedlich großem Gewicht. Für welche Windelart man sich letztendlich entscheidet, ist von der jeweils eigenen Lebenssituation und Lebenseinstellung abhängig.

### 3.5.1 Wann, wo und wie gewickelt wird

**Wann:**
In der Regel wird das Baby nach jeder Mahlzeit gewickelt, da es häufig während oder nach dem Essen in die Windel macht.

**Wo:**
**Unterwegs** ist jeder Platz geeignet, auf dem das Baby sicher und bequem liegen kann. Eine abwaschbare Wickelunterlage zum Mitnehmen oder eine Einmalwickelunterlage (kann auch häufiger verwendet werden, wenn sie nicht verschmutzt ist) machen das Wickeln unterwegs hygienischer und das Baby muss nicht mit dem nackten Po z. B. auf dem Boden liegen.
**Zu Hause oder in der Einrichtung** sollte eine Wickelkommode oder eine Wickelunterlage mit Ständer, die z. B. auf eine Badewanne aufge-

setzt wird, eingerichtet werden. Dort wird alles bereitgestellt, was zum Wickeln benötigt wird:

- waschbare Wickelunterlage
- Windeln, Trocken- und Feuchttücher
- Waschschüssel und Lappen
- frische Wäsche, Spucktuch
- Wundschutzcreme
- Spielzeug oder Spieluhr zur Ablenkung

*Wickelplatz*

**Wie:**
Zum Wickeln das Baby auf den Rücken legen. Der linke Arm greift das rechte Bein des Babys am Oberschenkel. Die rechte Hand bleibt frei für die Windel. So wird das Baby sicher gehalten und die noch empfindlichen Hüftgelenke werden nicht belastet.

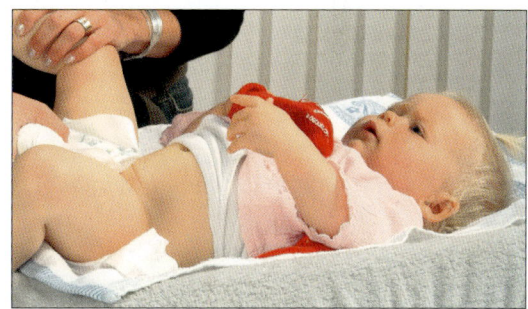

*Wickeltechnik*

> Das Baby auf der Wickelunterlage niemals alleine lassen, auch nicht für einen kurzen Moment. Selbst schon kleine Babys können sich spontan bewegen und von der Unterlage herunterfallen und sich schwer verletzen. Auf eine seitliche Erhöhung der Wickelunterlage ist daher ebenfalls unbedingt zu achten.

## 3.5.2 Hauterkrankungen im Windelbereich – was ist zu tun?

| Ursache | Erscheinungsbild | Was ist zu tun? |
| --- | --- | --- |
| **Windel-Dermatitis** | | |
| Windeldermatitis, in leichteren Fällen auch als „wunder Po" bezeichnet, kann verschiedene Ursachen haben:<br>• Reaktion auf bestimmtes Lebensmittel, das die stillende Mutter oder später das Baby selbst gegessen hat, z. B. Zitrusfrüchte<br>• Hautreizung durch Kontakt mit Stuhlgang und Urin<br>• Unverträglichkeit gegenüber Windel oder Pflegemittel<br>• zu häufiges Waschen mit Seife<br>• zu seltenes Windelwechseln und zu wenig frische Luft im Pobereich<br>• Zahnen oder Durchfall- erkrankung | Der gesamte Windelbereich kann leicht bis stark gerötet sein oder zeigt sogar tiefe wunde Stellen.<br><br>Ein wunder Po ist für den Säugling sehr unangenehm und schmerzhaft.<br><br>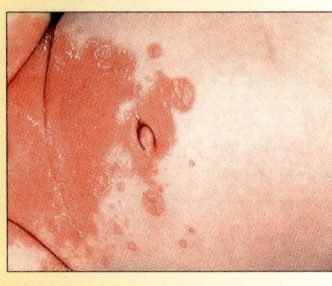<br>*Windel-Dermatitis* | • Die Windel häufiger wechseln.<br>• Viel frische Luft an den Po lassen, das Baby nackt im warmen Zimmer strampeln lassen.<br>• Keine Feucht- oder Öltücher zur Reinigung verwenden, sondern lauwarmes Wasser ohne Seife.<br>• Nach dem Bad den Po vorsichtig abtupfen, auf keinen Fall auf der Haut reiben.<br>• Vor dem Wickeln die betroffenen Stellen mit einer Wundschutzcreme für den Windelbereich, evtl. mit Zinkoxid, gut eincremen. |
| **Windel-Dermatitis mit Pilzbefall (Windelsoor)** | | |
| Eine Windeldermatitis kann zusammen mit einer Pilzinfektion (Soor) auftreten.<br><br>Ursachen für die Infektion können zu seltenes Windelwechseln oder die Verwendung von Öltüchern zum Säubern sein. | Die Haut ist stark und flächendeckend gerötet. Sie schuppt sich manchmal oder entzündet sich und bildet nässende Pusteln. Der Ausschlag kann sich vom Gesäß in Richtung Genitalien und Unterbauch bis zu den Oberschenkelinnenseiten hin ausbreiten. | • Es gelten in erster Linie alle Maßnahmen wie bei der Windeldermatitis allgemein.<br>• In schweren Fällen Sitzbäder mit Eichenrindentee oder weizenkleiehaltige Bäder machen (Infos bei der Apotheke).<br>• Beim Wickeln mit Stoffwindeln keine Gummiüberhosen verwenden, da diese nicht atmungsaktiv sind.<br>• Arzt aufsuchen. |

*Tabelle 3.4  Hauterkrankungen im Windelbereich*

### Aufgaben

1. Stellen Sie sich vor, Sie arbeiten in einer Kindertagesstätte, die bisher nur Kinder ab drei Jahre betreut hat. Nach den nächsten Sommerferien wird die Betreuung erweitert und es werden dann Kinder bereits ab einem Jahr aufgenommen. Da diese Kinder in der Einrichtung schlafen müssen, soll ein Schlafraum mit neuen Gitterbetten eingerichtet werden  Sie arbeiten in der Arbeitsgruppe mit, die diesen Raum einrichten wird.
   a) Welche Vorschläge für die Ausstattung der Kinderbetten bringen Sie ein?
   b) Wie muss der Raum gestaltet werden, damit die Kinder dort sicher schlafen können?
2. Sie sollen einen Säugling baden.
   a) Beschreiben Sie, worauf bei der Vorbereitung eines Bades zu achten ist.
   b) Erklären Sie, warum ein Baby mit den Füßen voran ins Badewasser gesetzt werden sollte.
   c) In welcher Reihenfolge wird das Baby gewaschen?

## Aufgaben

3. Erläutern Sie die Zahnpflege eines 4-jährigen Kindes. Warum ist der Einsatz einer Zahnputzuhr bei Kindern sinnvoll?

4. Besorgen Sie sich Informationen zum Thema Zahngesundheit/Zahnpflege bei einer Krankenkasse oder einem Zahnarzt.
   a) Beschreiben Sie, welche Zahnerkrankungen bei einer mangelhaften Zahnpflege auftreten können und wie sie sich äußern.
   b) Erläutern Sie, wie eine zahnfreundliche Ernährung aussehen sollte.

5. Beschreiben Sie die Ursachen einer Windeldermatitis sowie deren Pflege.

6. a) Beschreiben Sie, welche Pflegemaßnahmen in Ihrer Einrichtung oder einer Einrichtung, in der Sie einmal ein Praktikum gemacht haben, durchgeführt werden und ob für die Kinder und Betreuer die gleichen Regeln gelten.
   b) Welche Pflegeprodukte werden dabei verwendet?
   c) Sehen Sie Kritikpunkte? Wenn ja, beschreiben Sie Ihre Einwände und erarbeiten Sie Verbesserungsvorschläge für die Einrichtung.

## Experiment zu „Die Pflege des Säuglings"

Führen Sie das Experiment nach der folgenden Anleitung durch. Lösen Sie anschließend die Aufgaben von S. 13.

Bilden Sie zwei Teams. Lesen Sie die Anleitung für Ihr jeweiliges Team gründlich durch und bemühen Sie sich, sie ernsthaft auszuführen – nur so kann das Experiment gelingen!

**1. Durchlauf – Team A:**
Das Team bleibt im Klassenzimmer, jede Teilnehmerin setzt sich auf ihren Stuhl. Wenn an der Tür geklopft wird, schließen Sie die Augen. Lassen Sie die Augen geschlossen, auch wenn die anderen Mitschülerinnen den Raum betreten und sich Ihnen zuwenden. Keine Sorge, es geschieht Ihnen nichts.

**1. Durchlauf – Team B:**
Verlassen Sie das Klassenzimmer. Überlegen Sie sich draußen, welche Schülerin zu welcher Mitschülerin anschließend in den Raum gehen möchte. Lassen Sie sich von Ihrer Lehrerin einen lauwarmen Waschlappen geben. Klopfen Sie an die Tür und betreten Sie leise den Raum. Gehen Sie zu Ihrer ausgewählten Mitschülerin und beginnen Sie, diese am Arm oder im Gesicht zu waschen. Sprechen Sie dabei nicht. Verlassen Sie nach wenigen Minuten wieder leise den Raum.

**2. Durchlauf – Team A:**
Bleiben Sie still auf Ihrem Stuhl sitzen. Öffnen Sie die Augen, wenn Ihre Mitschülerinnen den Raum betreten, schauen Sie Ihre Partnerin freundlich an. Bitte nicht sprechen.

**2. Durchlauf – Team B:**
Nehmen Sie erneut den lauwarmen Waschlappen und betreten Sie das Klassenzimmer. Gehen Sie zu Ihrer Partnerin. Sprechen Sie sie freundlich an, begrüßen Sie sie. Stellen Sie sich vor, sie wäre Ihr Baby. Erklären Sie ihr, was Sie gleich tun werden. Waschen Sie sie behutsam im Gesicht oder am Arm. Beenden Sie nach wenigen Minuten das Experiment.

## 4.1 Der Tagesablauf mit einem Säugling

**Aufgaben**

Beurteilen Sie die dargestellte Situation.
Wie sollte Ihrer Ansicht nach ein Tagesablauf in einer Einrichtung für Säuglinge und Kleinkinder aussehen?

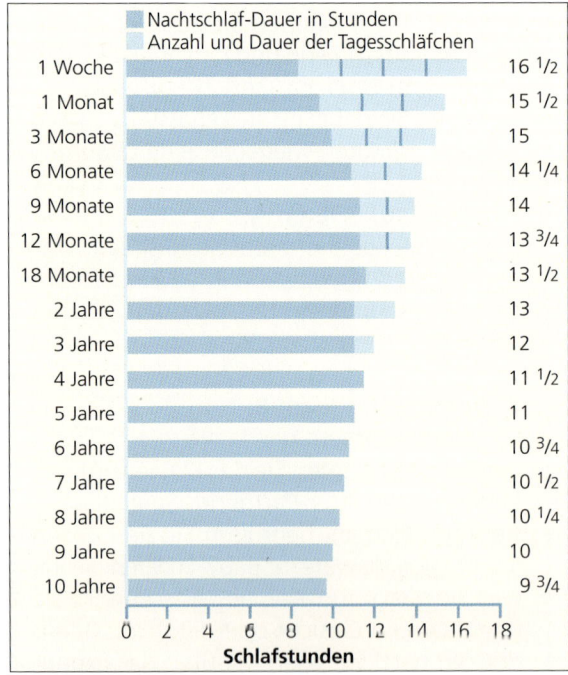

Die durchschnittlichen Schlafzeiten von Kindern in verschiedenen Altersstufen (nach Prof. Ferber)

**Rhythmus ist wichtig**

Betrachtet man die nebenstehende Abb., wird deutlich, dass Säuglinge im ersten Lebensjahr täglich mehrmals schlafen. Die Berücksichtigung dieser Schlafzeiten ist für die gesunde Entwicklung des Babys sehr wichtig, da es zu viele Außenreize noch nicht richtig verarbeiten kann. Bei einem Zuviel an Eindrücken und unregelmäßigem Schlaf wird das Kind häufig unruhig, zappelig und weint viel (→ S. 29).

Neben den Schlafzeiten spielt auch das Angebot von regelmäßigen Mahlzeiten für einen ausgeglichenen Tagesablauf des Babys eine wichtige Rolle. Schlafen und Essen im Wechsel bestimmen anfangs den Tagesrhythmus des Säuglings und strukturieren seinen Tag. Dieser Rhythmus gibt dem Kind Halt und Orientierung und hilft ihm, sich in der neuen Welt zurechtzufinden. Nach der Zeit im Mutterleib lernt es so, Tag und Nacht zu unterscheiden.

Nicht immer ist es für die betreuenden Personen einfach, den einmal gefundenen Rhythmus eines Babys aufrechtzuerhalten. Neue Entwicklungsschritte oder Wachstumsschübe werfen den gut eingespielten Tagesablauf durcheinander. Wird achtsam mit diesen Phasen umgegangen, bildet sich häufig schon nach ein paar turbulenten Tagen ein neuer Rhythmus heraus.

*Ein Kind in der Krippe nach dem Mittagsschlaf*

### Struktur durch die Erfüllung der Grundbedürfnisse

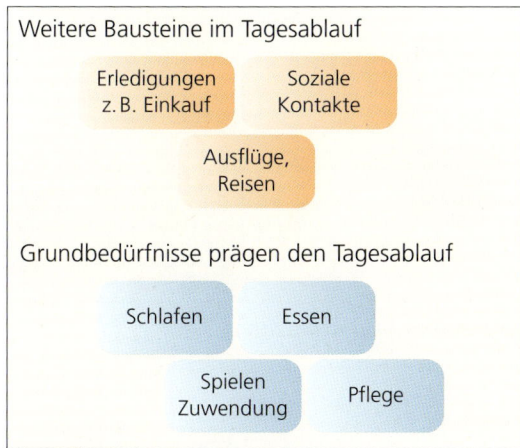

*Bausteine des Tagesablaufs*

Die dargestellten Bausteine, die das Fundament des Tagesablaufs eines Säuglings bilden, stellen zugleich die **Grundbedürfnisse** jedes Menschen dar.

Ein Säugling kann noch nicht alleine für die Erfüllung dieser Bedürfnisse sorgen, deshalb müssen die Bezugspersonen dafür Sorge tragen. Nur so kann sich ein Kind zu einem fröhlichen, aktiven, körperlich und seelisch gesunden Menschen entwickeln.

Im Einklang mit den Schlaf-, Essens- und Spielzeiten des Babys können weitere Bausteine in den Tagesablauf integriert werden. Das **Einkaufen** oder andere Erledigungen gehören zu einem normalen Alltag dazu. Durch **Kontakte** z. B. zu Großeltern oder zu Gleichaltrigen sammelt das Kind mit zunehmendem Alter wichtige Erfahrungen. Es lernt, bekannte und unbekannte Gesichter oder Stimmen zu unterscheiden, aber auch Vertrauen zu anderen Menschen aufzubauen.

Wenn das Baby gut sitzen kann, sind kleinere **Ausflüge** auch für Kinder eine willkommene Abwechslung, solange der gewohnte Tagesrhythmus annähernd beibehalten wird.

*Gleichaltrige Kinder lernen voneinander leichter und schneller als von Erwachsenen*

### Soziale Kontakte und Zuwendung

Ein Baby, das jeden Tag nur ernährt, gewaschen und dann wieder in sein Bett gelegt wird, stirbt nach einiger Zeit unweigerlich. Man kann sich fragen, was ihm fehlt, denn augenscheinlich sind alle seine Bedürfnisse versorgt. Etwas ganz Entscheidendes fehlt ihm jedoch, und zwar **Ansprache, Zuwendung und Körperkontakt**.

Zum Überleben und für eine gesunde seelische Entwicklung braucht ein Kind unbedingt soziale Kontakte und körperliche Nähe. Es braucht eine **Bezugsperson**, der es vertrauen und auf die es sich verlassen kann. Nur so kann das Baby sein Urvertrauen bilden und sich zu einem emotional gesunden Menschen entwickeln. Man sagt deshalb auch: „Berührungen der Haut sind die Nahrung der Seele."

*Spielzeit mit einer Bezugsperson*

Ist die betreuende Person aufmerksam im Umgang mit dem Kind, kann sie sehr schnell die „Sprache" des Babys lernen und seine Bedürfnisse verstehen, obwohl das Kind noch nicht sprechen kann. Mit seiner Gestik, Mimik, Körpersprache und seiner Stimme kann es alles mitteilen, was man über sein Befinden wissen muss.

### Signale eines Babys, das zum Spiel bereit ist:

- Das Baby sucht den Augenkontakt, der Blick geht in Richtung Bezugsperson.
- Das Baby lächelt.
- Es gibt gurgelnde und lallende Laute von sich (Vokalisation).

- Es zeigt eine positive Erregung, z. B. indem es verstärkt strampelt.
- Es streckt dem Erwachsenen die Arme entgegen.
- Es spielt, je nach Alter, mit seinen Händen.

### Signale eines Babys, das nicht mehr spielen möchte:

- Der Blick schweift ab.
- Das Lächeln verschwindet.
- Der Körper wird schlaff oder er wird steif (Überstreckung).
- Das Baby beginnt zu quengeln (Vorstufe zum Weinen).
- Das Baby zupft sich an den Haaren oder fährt sich mit den Händen über Augen und Nase (Anzeichen von Müdigkeit).

Jedes Baby ist in seinem Verhalten und seinen Bedürfnissen individuell und lässt sich nur schwer in ein vorgegebenes Schema pressen. Bei der Erstellung eines Tagesplans für Babys unter einem Jahr ist deshalb besonders genau darauf zu achten, dass die Berücksichtigung der individuellen Schlaf-, Essens- und Spielzeiten möglich ist. Dies gilt besonders in altersgemischten Gruppen.

*Spielzeit mit Gleichaltrigen*

## 4.2  Der Tagesablauf mit Kleinkindern in der Einrichtung

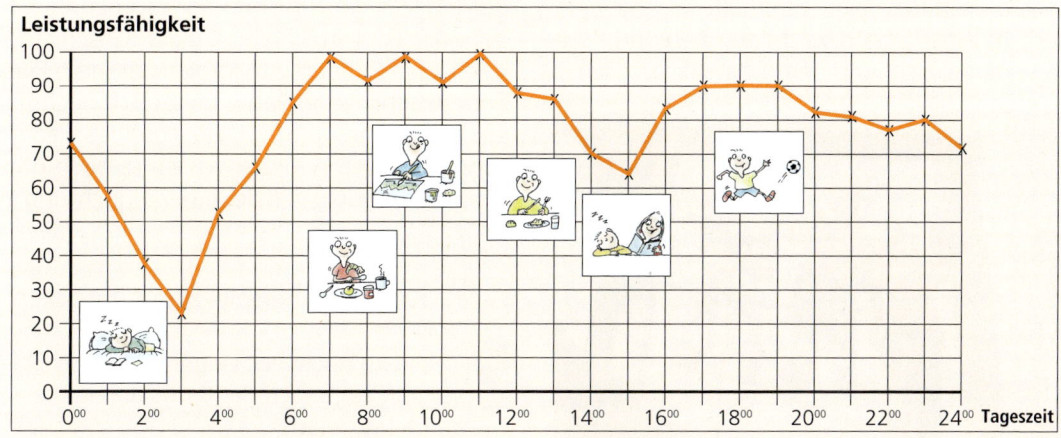

*Biorhythmus von Jan, 3 Jahre alt*

### Aufgaben

1. Beschreiben Sie mit Ihren eigenen Worten den dargestellten Biorhythmus von Jan. Wann kann er sich am Tag z. B. am besten konzentrieren, wann benötigt er unbedingt eine Pause?

2. Überlegen Sie sich, worauf zu achten ist, wenn Sie für eine Gruppe in der Kindertagesstätte (Kinder im Alter von 3 bis 6 Jahren) einen Tagesplan entwerfen.

### Aktivität und Ruhe

Die obige Abbildung macht deutlich, dass sich ein Kind mit 3 Jahren noch nicht den ganzen Tag voll konzentrieren oder aktiv spielen kann. Außerhalb der Mittagspause benötigen kleinere Kinder ebenfalls immer wieder Ruhepausen, um sich von großer Konzentration oder anstrengenden Aktivitäten zu erholen. Erholung bedeutet dabei aber nicht, dass die Kinder nur ausruhen oder schlafen sollen, sondern dass sich ihre Aktivität verändert. Hat sich ein Kind beispielsweise beim Puzzeln sehr konzentriert, so sollte es nun aktiv sein und sich körperlich bewegen können. Hat es jedoch auf dem Freigelände viel getobt, kommt es am besten z. B. durch Vorlesen eines Buches zur Ruhe.

### Individualität und Gemeinschaft

Die Interessen und Bedürfnisse von Kindern sind teilweise sehr unterschiedlich. Manche Kinder haben häufiger Hunger, andere sind öfter müde. Einige Kinder malen sehr gerne, andere bauen lieber in der Bauecke wahre Kunstwerke. Auch wenn es in Einrichtungen für Kinder allgemeingültige Regeln geben muss, z. B. wann zu Mittag gegessen wird, sollte aber auch die Individualität des Kindes berücksichtigt werden.

Dem kann Rechnung getragen werden, indem die Kinder häufig die Freiheit zur Mitgestaltung des Tagesablaufs haben. Dies kann z. B. in Kinderkonferenzen geschehen oder bei der freien Auswahl einzelner Themen, Spiele oder Spielbereiche.

*Die freie Wahl des Spielpartners und des Spielbereichs fördert die Individualität des Kindes*

Die freie Wahl aller Kinder führt dazu, dass Kinder lernen, Kompromisse zu schließen, wenn ihr Thema nicht die Mehrheit erhält. Sie lernen, in der Gemeinschaft Rücksicht zu üben und Konflikte gemeinsam und demokratisch zu lösen.

*Gemeinschaft in der Kinderkrippe*

Durch Mitspracherechte und Wahlmöglichkeiten wird die eigene Persönlichkeit des Kindes durch die betreuenden Personen respektiert und gefördert. Jedes Kind hat sein eigenes Tempo, sich zu entwickeln. Es ist wichtig, dass diese Entwicklung behutsam begleitet und gefördert wird.

### Dem Tag einen Rahmen geben
Damit dem Tag in der Einrichtung ein fester Rahmen gegeben werden kann, bietet sich schon bei sehr kleinen Kindern ein **Begrüßungs- und Abschiedsritual** an. Für Babys im ersten Lebensjahr eignet sich dafür am besten ein Lied, das z. B. mit einem kleinen Fingerspiel verbunden wird.

*Morgendliche Begrüßung in der Kinderkrippe*

Zur Begrüßung größerer Kinder kann ein Morgenkreis eingerichtet werden, in dem alle Kinder einzeln begrüßt und angesprochen werden. Auch Lieder, kleine Spiele, Geschichten und Gebete finden im Morgenkreis ihren Platz. Zum Abschluss des Tages bietet sich nochmals ein Kreis an, in dem z. B. ein Abschiedslied gesungen wird. Die Kinder wissen so auch ohne Uhr, dass der Tag für sie in der Einrichtung zu Ende ist.

### Krabbelfingerspiel zum Aufwecken:

(Mit dem Finger erst langsam, dann schneller auf den Bauch des Babys tippen)
Kommt eine Maus,
die baut ein Haus.
Kommt ein Mückchen,
das baut ein Brückchen.
Kommt ein Floh,
der macht – so (kitzeln).

### Sprüchlein zum Abschied:
Aus, aus, aus, piepst die kleine Maus.
Wir wollen jetzt nach Hause gehen und
sagen uns Auf Wiedersehen.
Aus, aus, aus, piepst die kleine Maus.

### Eine Kutschfahrt
Wibbel, wibbel, wutsch
rast die alte Kutsch
über Wiesenwege,
über Holperstege,
rattert durch den Wald,
ans Ziel kommt sie bald.
Schon begibt sich der Tross
durch einen Park zum Schloss.
Auf Rasen frisch gemäht,
die Kutsche endlich steht.

## 4.3 Stress und Süchte – Wenn der Alltag zur Belastung wird

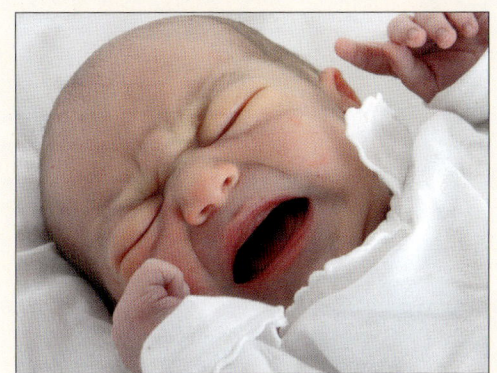

*Beim Einkaufen erfährt das Kind viele Reize. Seine Aufmerksamkeit wird von allen Seiten beansprucht.*

### Aufgaben

Betrachten Sie das Foto.
1. Überlegen Sie sich mögliche Ursachen, warum das Baby weint.
2. Beschreiben Sie die Gefühle, die dieses Bild bei Ihnen auslöst.

Säuglinge und Kleinkinder sind manchmal scheinbar grundlos gereizt, quengelig, zappelig oder müde. Sie schlafen schlecht oder wenig, weinen und schreien stundenlang oder können sich nur kurz konzentrieren. Die Ursache für die genannten Symptome kann Stress sein, der das Kind belastet. Viele Dinge, die für einen Erwachsenen selbstverständlich und angenehm sind, z. B. Musik aus dem Radio oder Fernseher, können für ein Kind ein Stressauslöser sein. Es ist daher wichtig, mögliche Stressauslöser für Kinder zu kennen und achtsam im Alltag damit umzugehen.

### Beispiele für Stressauslöser bei Babys und Kleinkindern
- zu wenig oder unregelmäßiger Schlaf
- mangelnde Zuwendung
- Spielzeug, das das Spiel vorgibt und nicht die Eigenkreativität fördert
- keine Ruhe, ständige Unterbrechungen im Spiel

- hohe Erwartungshaltung der Erwachsenen
- familiäre Probleme, z. B. Trennungen
- instabiles Umfeld, z. B. häufiger Wechsel der Bezugspersonen
- zu viele Außenreize, z. B. durch:
  - vollen Terminkalender ohne Ruhepausen,
  - Verkehrslärm, lautes Radio oder Fernseher,
  - zu viel Fernsehen oder Computerspiele

Einige der genannten Faktoren, die Stress bei Kindern auslösen, können auch in die Abhängigkeit, also zu einer Sucht, führen. Zu diesen Faktoren gehören z. B. Fernsehen oder Computerspiele. Ein totales Verbot dieser Medien zu Hause oder in der Einrichtung ist allerdings nicht ratsam. Sinnvoller ist es, dass das Kind einen maßvollen Umgang damit erlernt. Gleiches gilt auch für den Verzehr von Süßigkeiten. Schädlich ist letztendlich nicht der Kontakt zu den Medien oder den kalorienreichen Lebensmitteln, sondern ob ein Kind diese Dinge schätzen gelernt hat und sie sich einteilen und genießen kann.

Ein Projekt, das die Einführung des Computers in einem Kindergarten zum Ziel hat, ist eine gute Gelegenheit, um den Kindern einen sinnvollen und altersgerechten Umgang damit zu vermitteln.

## Strategien für den Stressabbau bei Babys und Kleinkindern

- Wechsel zwischen aktiven Phasen und Ruhemomenten im Spiel
- eine feste Gruppe mit gemeinsamen Regeln
- eine feste Bezugsperson

*Kinder sollten sich bei jeder Wetterlage draußen austoben können*

### Massagen und Traumreisen

**Babymassage** ist einfach zu erlernen und wirkt sich durch den Hautkontakt und den Rhythmus bei der Massage wohltuend auf das Kind und auf den Erwachsenen aus, der sie durchführt. Die Massage fördert die Bindung und das Vertrauen zwischen Bezugsperson und Kind. Das Baby entspannt sich und kommt zur Ruhe. Blähungen können sich lösen, das Baby schläft besser und tiefer. Wichtiger als der perfekte Ablauf der Massage ist die Regelmäßigkeit sowie die Ruhe, mit der sie durchgeführt wird.

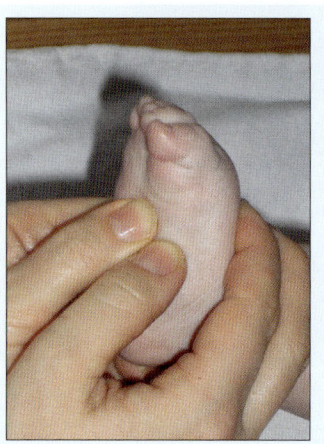
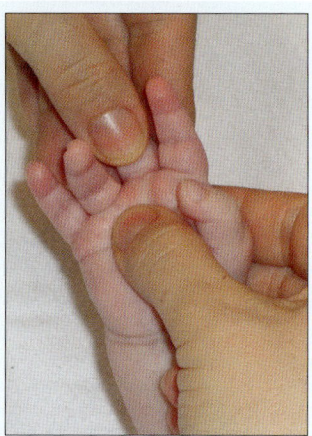

*Babymassage an Füßen und Händen*

**Massagen** für Größere können lustig und ansprechend z. B. als „Gewitter" oder „Obstkuchenbacken" mit den Händen auf dem Rücken der Kinder gestaltet werden. Dazu kann Entspannungsmusik laufen, die die Atmung der Kinder harmonisiert und sie zur Ruhe kommen lässt. Gut geeignet sind Rückenmassagen z. B. für größere Kinder, die mittags nicht mehr schlafen und dennoch eine Ruhepause einlegen sollen. Auch kleinere Kinder werden dabei still und genießen die Berührungen.

**Traumreisen** für Kinder gibt es in Form von Geschichten. Die Kinder legen sich z. B. in der Mittagspause auf dem Boden auf eine Matte und decken sich eventuell zu.
Das Lieblingskuscheltier sollte nicht vergessen werden.

Die Kinder können ihre Augen schließen. Die betreuende Person liest die Geschichte langsam und leise vor. Auch dazu passt gedämpfte Entspannungsmusik.

### Beispiele für Stressauslöser bei Erziehenden

Ein gewisses Maß an Stress ist positiv, wenn es darum geht, sich gut zu konzentrieren und kurzzeitig volle Leistung zu erbringen. Permanenter Stress hingegen schwächt und belastet den menschlichen Organismus und macht ihn krank. Ständige Anspannung, erhöhter Blutdruck und Schlafstörungen können die Folge sein. Es treten immer häufiger Lustlosigkeit, Antriebsmangel, Depressionen oder Infekte auf. Suchtauslösende Mittel, z. B. Zigaretten, Alkohol oder Medikamente, dienen als Problemlöser. Ein Teufelskreis beginnt.

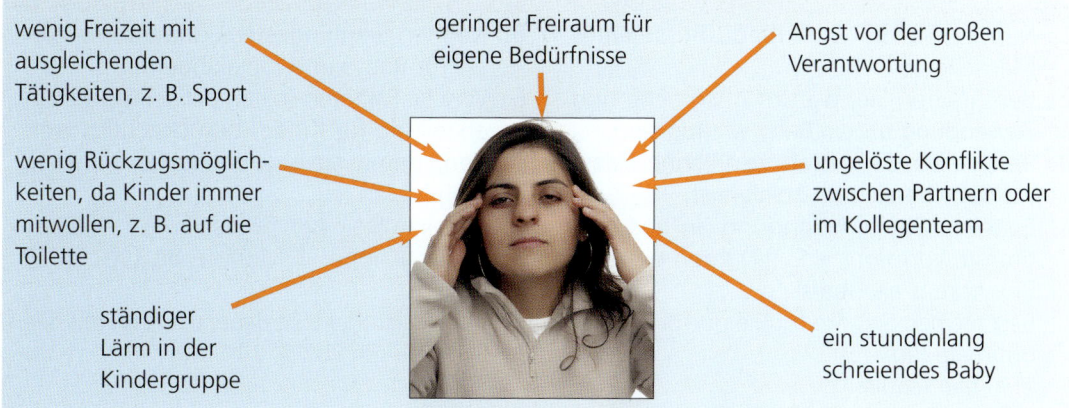

wenig Freizeit mit ausgleichenden Tätigkeiten, z. B. Sport

geringer Freiraum für eigene Bedürfnisse

Angst vor der großen Verantwortung

wenig Rückzugsmöglichkeiten, da Kinder immer mitwollen, z. B. auf die Toilette

ungelöste Konflikte zwischen Partnern oder im Kollegenteam

ständiger Lärm in der Kindergruppe

ein stundenlang schreiendes Baby

Der Alltag mit Kindern kann manchmal sehr anstrengend sein. Jeder Erziehende trägt eine große Verantwortung und kann sich kaum für eine kurze Zeit zurückziehen. Je kleiner das Kind ist, desto mehr muss sich die betreuende Person nach dem Rhythmus des Kindes richten, eigene Bedürfnisse geraten dabei in den Hintergrund.

Gleichzeitig sollte die betreuende Person immer ein gutes Vorbild für die Kinder sein, sie liebevoll führen und anleiten sowie alle anfallenden Aufgaben zuverlässig erledigen – eine Aufgabe, die manchmal schier unlösbar erscheint.

Es ist sehr wichtig, dass erziehende Personen dem eigenen Stress und der Belastung im Alltag positiv begegnen, um nicht die Kontrolle über sich und das, was sie tun, zu verlieren.

> Die Vorbeugung von Stress ist auch die Vorbeugung von Gewalt gegenüber Kindern!

## Mögliche Strategien zur Stressbewältigung und Suchtprävention bei Erwachsenen

- regelmäßiger Austausch mit dem Partner, einem anderen Familienmitglied oder in der Einrichtung mit dem Team (Supervision)
- regelmäßiger Ausgleich durch sinnvolle Freizeitgestaltung, z. B. Spaziergänge, Sport
- Entspannung, z. B. durch Yoga, autogenes Training, Massagen (→ S. 30).
- gesunde, ausgewogene Ernährung
- Rauchen und übermäßigen Alkoholkonsum vermeiden

*Eine Mutter im Alltagsstress*

*Sport, am besten in der Gemeinschaft, hilft Stress abzubauen*

## Aufgaben

1. Nennen Sie die Grundbedürfnisse eines Menschen.
2. Beschreiben Sie, warum Ansprache und Zuwendung für ein Baby wichtig sind.
3. Beschreiben Sie, woran Sie erkennen, dass ein Baby bereit zum Spielen ist.
4. Erstellen Sie in Anlehnung an das Diagramm von Jan (→ S. 27) Ihren eigenen Biorythmus als Übersicht.
   Beschreiben Sie, wie für Sie persönlich der optimale Tag
   a) in der Schule,
   b) bei der Arbeit in der Einrichtung aussehen müsste.

5. Nennen Sie mindestens drei Stressauslöser für Babys und Kleinkinder.
6. Welche Faktoren sollten bei der Tagesplanerstellung für Kinder berücksichtigt werden, damit sie sich in der Einrichtung wohlfühlen?
7. Erstellen Sie einen Tagesplan für ein Baby in der Krippe, 7 Monate alt (bis 16:00 Uhr).
   Berücksichtigen Sie dabei die Abb. mit den Schlafzeiten von S. 24.

8. *Tagesablauf in der Kinderkrippe „Wurzelzwerge"*

| | |
|---|---|
| 8:00 – 9:00 | Kinder werden gebracht/ Freispielzeit |
| 9:00 – 9:30 | Gemeinsames Frühstück |
| 9:30 – 10:15 | Morgenkreis |
| 10:15 – 11:15 | Aktivitäten/Projekte/Freispiel Außengelände/Ausflüge |
| 11:30 – 12:00 | Mittagessen |
| 12:00 – 14:30 | Schlafenszeit/Freispiel/Halbtagskinder werden abgeholt |
| 14:45 – 15:15 | Zwischenmahlzeit |
| 15:15 – 15:30 | Nachmittagskreis |
| 15:30 – 16:30 | Aktivitäten/Projekte/Freispiel Außengelände/Ausflüge |
| 16:30 – 17:00 | Kleine Zwischenmahlzeit |
| 17:00 – 18:00 | Abholzeit/Freispielzeit |

a) Vergleichen Sie den dargestellten Tagesablauf mit dem Biorhythmus von Jan (→ S. 27) und überlegen Sie, ob sich Jan bei diesem Ablauf wohlfühlen würde. Begründen Sie Ihre Antwort.

b) Füllen Sie den Tagesablauf mit Leben und sammeln Sie zusammen mit Ihrer Tischnachbarin Ideen, z. B. für Anregungen im Freispiel, Projekte, Themen für den Morgenkreis usw.

9. Tina arbeitet mit sehr viel Spaß seit zwei Jahren Vollzeit als Sozialassistentin im Kindergarten. Seit einigen Wochen geht ihr jedoch der ständige Lärm in der Kindergruppe auf die Nerven, auch dass scheinbar immer alle Kinder gleichzeitig etwas von ihr wollen. Sie kommt gar nicht mehr zur Ruhe und schläft zu Hause schlecht. Sie mag sich abends nicht mehr mit Freunden verabreden, da sie dazu zu lustlos ist. Um sich am Tagesende für die ganze Anstrengung bei der Arbeit in der Krippe zu „belohnen", kauft sie sich auf dem Nachhauseweg ein großes Eis. Zu Hause setzt sie sich anschließend mit einer Tüte Chips vor den Fernseher. Erst dann geht es ihr wieder besser. Wenn sie nicht einschlafen kann, schaltet sie ihren Computer an und macht noch ein paar Spiele oder surft im Internet.

a) Beschreiben Sie, warum sich Tina in letzter Zeit nicht mehr wohlfühlt und sich nach der Arbeit immer wieder belohnen muss.

b) Beurteilen Sie Tinas Verhalten in ihrer Freizeit und ob sie bereits suchtgefährdet ist.

c) Geben Sie Tina einen Tipp. Was könnte sie tun, um wieder mehr Lebensfreude zu gewinnen?

# Die Entwicklung im 1. Lebensjahr

## 5.1 Die Grenzsteine der Entwicklung

*Maja hat vor einem halben Jahr ein Praktikum in der Kindertagesstätte „Sommerhaus" gemacht. Da ihr die Kolleginnen und vor allem die Kinder ihrer Gruppe in dieser Zeit sehr ans Herz gewachsen sind, macht sie heute dort einen kurzen Besuch. Maja freut sich, alle wiederzusehen und ist ganz erstaunt über den großen Entwicklungsfortschritt der Kinder, damals ca. 10 Monate, heute ca. 16 Monate alt. Fast alle können mittlerweile laufen, nur Paul krabbelt immer noch oder zieht sich an einem Stuhl hoch, bleibt dann aber dort stehen. Maja fragt sich, ob das in diesem Alter noch normal ist.*

Bereits vom Tag der Geburt an beginnt bei gesunden Babys die Entwicklung zu einem selbstständigen Menschen, einem Menschen, der sich frei und uneingeschränkt bewegen und verständigen kann.

Die ungarische Kinderärztin Emmi Pikler hat vor vielen Jahren durch wissenschaftliche Untersuchungen herausgefunden, dass die Entwicklung gesetzmäßig und stetig verläuft. Alle Kinder durchlaufen die gleichen Entwicklungsschritte und -stufen. In der Praxis ist aber zu beobachten, dass die Kinder dabei einen individuellen Rhythmus haben. Sie können zu unterschiedlichen Zeitpunkten sitzen, laufen oder sprechen. Manche Entwicklungsschritte werden ausgiebig durchlebt, andere nur sehr kurz.

Damit z. B. bei den Früherkennungsuntersuchungen (→ S. 92) die Entwicklung von Kindern besser beurteilt werden kann, wurden sogenannte **Grenzsteine** der Entwicklung festgelegt. In Untersuchungen wurde beobachtet, zu welchem Zeitpunkt ca. 95 % aller Kinder ei-

nen bestimmten Entwicklungsschritt, z. B. das Sitzen, erreicht haben. Dieser Zeitpunkt wurde als Grenzstein für den Entwicklungsschritt festgelegt. Entwickelt sich ein Kind nicht nach diesen Grenzsteinen, sollte untersucht werden, welche Ursache dafür vorliegt. Rechtzeitig erkannt, können viele Fehlentwicklungen z. B. durch Krankengymnastik wieder geheilt bzw. gelindert werden.

### 5.1.1 Die Entwicklung der Grobmotorik – Drehen, Krabbeln, Sitzen, Laufen

„Ob es wohl eine noch elegantere Fortbewegung gibt als diese ??"

| Alter | Entwicklung aus der Rückenlage | Entwicklung aus der Bauchlage |
|---|---|---|
| Circa Ende 3. Monat  | Das Baby wird in der Rückenlage stabiler und findet seine Körpermitte. Es entdeckt seine Hände und führt sie zum Mund. | **Ellbogen-Becken-Stütz** Das Baby beginnt sich aufzurichten und stützt sich auf den Ellbogen ab. Das Becken liegt flach auf der Unterlage, die Beine sind abgespreizt und die Knie gebeugt. |
| Circa Ende 6. Monat  | **Auge-Hand-Fuß-Zusammenspiel** Das Baby spielt, auf dem Rücken liegend, immer mehr mit seinen Füßen, indem es sie mit seinen Händen ergreift und erkundet. Wichtiges Training für das Sitzen! | **Hand-Becken-Stütz** Das Baby kann sich auf den Händen abstützen, der Brustkorb hebt sich von der Unterlage ab. Das Gewicht verlagert sich nach hinten auf den Beckenbereich. |
| Circa Ende 9. Monat  | **Gartenzwerghaltung** Das Baby ist in der Lage, sich vom Rücken auf den Bauch oder in eine stabile Seitenlage zu drehen. Es stützt sich auf der Seite liegend auf dem Ellbogen ab und hat eine Hand frei zum Spielen. | **Hand-Knie-Stütz** Das Kind verlagert sein Gewicht weiter nach hinten, bis das Becken sich ganz von der Unterlage abhebt. Das Gewicht wird von den Händen und den Knien getragen. Vorstufe zum Vierfüßlerstand. |
| Circa 10. bis 12. Monat  | Das Kind kommt über die Seite in den seitlichen Sitz und bleibt dann für kurze Zeit auf der Stelle sitzen. Die Beine sind gestreckt (Langsitz). Die Hände sind frei für das Spiel. | Das Kind kommt in den **Vierfüßlerstand** und wird immer stabiler. Es beginnt zu krabbeln. Kurze Zeit später krabbelt es über Hindernisse und beginnt sich aufzurichten. |
| Nach dem 12. Monat  | Das Kind zieht sich an allen Gegenständen hoch, bleibt erst stehen und macht anschließend seitliche Schritte, z. B. an der Wand entlang. Findet es einen interessanten Gegenstand, hält es diesen mit beiden Händen fest und steht frei. Die ersten freien Schritte folgen, die immer häufiger geübt und sicherer werden. | |

### Entwicklung der Motorik über die Seite

 Ab ca. dem 4. Monat rollt das Baby zufällig auf die Seite, die Arme und Beine werden vor dem Körper gehalten. Sein Gleichgewicht kann das Kind noch nicht in der Seitlage halten und rollt deshalb auf den Rücken zurück. Ab ca. dem 8. Monat gelingt das Drehen über die Seiten und es lernt, sich vom Bauch wieder in die Rückenlage zu drehen.

*Tabelle 5.1 Ausgewählte Grenzsteine der Entwicklung im Überblick*

## 5.1.2 Die Entwicklung der Feinmotorik – das Greifen

Die Entwicklung des Greifens ist für einen Menschen von großer Bedeutung, da er seine Hände täglich für eine Vielzahl von Tätigkeiten braucht. Sobald ein Kind in der Lage ist, seine Hände gezielt in eine Richtung zu bringen, greift es nach allem, was für es erreichbar ist: Gesichter, Spielzeug usw. Alles, was dem Kind interessant erscheint, muss mit den Händen „begriffen" werden. Mit seinen Händen führt es dann die Gegenstände zu seinem Mund, um sie weiter zu erkunden und kennenzulernen.

Bevor die eigentliche Entwicklung des Greifens im 4. Lebensmonat beginnt, macht das Baby eine Faust. Dies ist der angeborene **Greifreflex**, der sich nach ca. 3 Monaten langsam verliert.

| Alter | | Entwicklungsschritt |
|---|---|---|
| Circa 4. Monat | 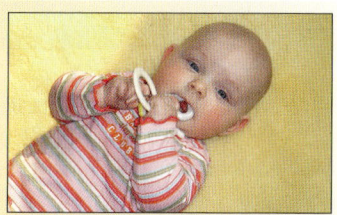 | Erst jetzt kann das Baby seine Fäuste richtig öffnen und einen Gegenstand festhalten oder beide Hände vor dem Körper zusammenführen. |
| Circa 6. Monat |  | Erst mit ca. 6 Monaten kann das Kind *gezielt* etwas ergreifen. Der Greifvorgang ist dabei noch „primitiv". Der Gegenstand wird mit der ganzen Hand ergriffen, der Daumen und alle anderen Finger umschließen den Gegenstand. Der Körper liegt dabei stabil auf dem Rücken und die Beine werden angehoben – sie greifen mit. |
| Circa 8./9. Monat |  | Wenn das Kind sich in beide Richtungen drehen und mit beiden Händen greifen kann, kann es für einige Zeit in beiden Händen gleichzeitig etwas festhalten.<br>Circa im 9. Monat lernt das Kind, Gegenstände nicht nur zu ergreifen, sondern auch wieder loszulassen – ein wichtiger Entwicklungsschritt für die räumliche Wahrnehmung (→ S. 37). |
| Circa 10. bis 12. Monat |  | Das Kind möchte nun sehr kleine Gegenstände, z. B. Krümel, aufheben. Dabei sind Zeigefinger und Daumen noch gestreckt (**Pinzettengriff**). Mit ca. 12 Monaten kann das Kind Daumen und Zeigefinger beugen (**Zangengriff**, → Bild) und so auch allerkleinste Teile vom Boden auflesen. |

*Tabelle 5.2 Die Entwicklung der Feinmotorik*

### 5.1.3 Die Entwicklung von Hören, Sehen, Sprechen und der räumlichen Wahrnehmung

#### 1. – 3. Lebensmonat

Am Ende des dritten Lebensmonats folgen die Augen des Babys einem Spielzeug, das man vor seinem Gesicht langsam hin und her bewegt. Die Augen gehen dabei bis in die Augenwinkel mit. Der Kopf wird mitgedreht. Dies ist die erste isolierte Bewegung des Kindes.

Läutet ein Glöckchen seitlich am Kopf des Kindes, nimmt es das Geräusch wahr und dreht seinen Kopf in die Richtung der Geräuschquelle.

Die **Sprache** des Babys ist am Anfang einfach – das Baby schreit. Aufmerksame Betreuungspersonen können bereits nach wenigen Wochen Unterschiede im Schreien hören. Das Kind schreit z. B. anders, wenn es müde ist, als wenn es die Windel voll hat. Über das Schreien kommuniziert das Baby mit seinen Bezugspersonen also schon in einem frühen Stadium. Am Ende des ersten Vierteljahres macht das Kind Lautäußerungen, z. B. „Rrr"-Ketten, aber auch Silbenkombinationen, wie „Ei-ei".

> Das Baby freut sich immer, wenn es angesprochen wird und wenn seine Laute nachgeahmt werden. Es fühlt sich wohl und verstanden und wird angeregt, neue Laute auszuprobieren.

#### 4. – 6. Lebensmonat

Die **räumliche Wahrnehmung** entwickelt sich weiter. Hat das Baby seine Hände entdeckt, wird festgehaltenes Spielzeug betastet, befühlt und hin und her gewendet. Am Ende des zweiten Vierteljahres ist es bereits in der Lage, Spielzeug hinterherzuschauen, das heruntergefallen ist. Es erkennt somit Höhe und Tiefe im Raum.

Die **Sprachentwicklung** steht häufig im fünften Lebensmonat etwas still. Ende des sechsten Monats werden schon Silbenketten aneinandergereiht, z. B. „Da-da-da" oder „Mem-mem-mem".

Das **Gehör** kann beidseitig immer feinere Geräusche wahrnehmen. Wird in einem ruhigen Raum z. B. mit Papier geraschelt, nimmt das Kind dieses Geräusch wahr und dreht seinen Kopf entsprechend.

> Am Tonfall kann ein Baby bereits ab dem 5. Monat freundliche von strenger Ansprache unterscheiden und weint deshalb nicht selten mit, wenn z. B. mit einem Geschwisterkind geschimpft wird.

## 7. – 12. Lebensmonat

Manche Kinderwörter, z. B. „Wau-wau" für Hund, werden gerne von Erwachsenen übernommen. Zur besseren Sprachentwicklung der Kinder sollten Erwachsene aber in dieser Phase die richtigen Wörter benutzen.

Die **akustische Wahrnehmung** differenziert sich besonders im neunten Monat. Sehr aufmerksam hört das Kind jetzt auf leise Geräusche, z. B. das Ticken einer Uhr, und kann ihm einige Zeit geduldig lauschen.

Auch die **optische und räumliche Wahrnehmung** entwickelt sich besonders in dieser Zeit. Räumliche Beziehungen wie oben, unten, hinten, vorn und drinnen, draußen werden erkannt. Das Kind erkennt z. B. einen roten Baustein am Boden eines gelben Bechers und greift gezielt nach ihm. Es nimmt Details wahr, z. B. die Augen einer Puppe, und untersucht diese mit seinen Fingern.

Die Entwicklung der **Sprache** macht besonders ab dem zehnten Monat große Fortschritte. Steht bis dahin das „Plaudern", also das Ausprobieren willkürlicher Laute und Silbenketten im Vordergrund, beginnt das Kind nun, ein „Gespräch" mit seiner Bezugsperson zu führen. Tipp zur Sprachentwicklung → S. 36.

Langsam entwickelt sich ein **Sprachverständnis**. Wird das Kind nach bekannten Gegenständen gefragt, z. B. einem Ball, dann wendet es den Kopf in die entsprechende Richtung oder krabbelt darauf zu. Am Ende des ersten Lebensjahres bildet das Kind häufig sinnvolle Silben für bestimmte Gegenstände, z. B. „Brrr" für Auto oder „Ama" für Banane. Es ist in der Lage, einfache Verbote zu verstehen.

## 5.1.4 Die Sozialentwicklung – Einfluss der Bezugspersonen

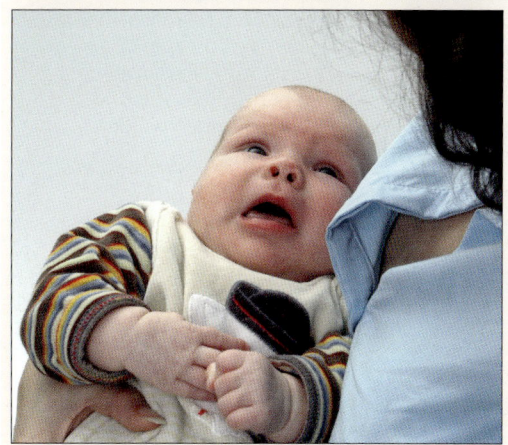

### Aufgaben

1. Beschreiben Sie das Verhalten beider Kinder in einem kurzen Satz.
2. Ordnen Sie den Kindern anhand Tabelle 5.3 (→ S. 38) ein Alter zu.

Die **Sozialentwicklung** besteht aus zwei wesentlichen Faktoren: aus der **Kontaktaufnahme** zwischen dem Kind und seiner Umwelt einschließlich seiner Bezugspersonen und der **Sozialisierung**, also der Verselbstständigung und Eingliederung eines Menschen in unsere Gesellschaft.

Die **Kontaktaufnahme** beginnt bereits beim Neugeborenen direkt über die Haut (→ S. 8). Es vermag von Anfang an Wärme, Kälte, hart oder weich zu empfinden. Beim Stillen entsteht ein erster positiver Kontakt zu einem anderen Menschen. Dieser Kontakt verstärkt sich durch eine intensive Zuwendung der Bezugspersonen zum Kind. Fühlt das Baby sich angenommen und in seinen Bedürfnissen befriedigt, kann es sich gut entwickeln.

Die **Sozialisierung**, also die Verselbstständigung des Kindes, beginnt ca. ab dem elften Lebensmonat, wenn es eine gewisse körperli-

| Lebensmonat | | | | | | | | | | | |
|---|---|---|---|---|---|---|---|---|---|---|---|
| 1 | 2 | 3 | 4 | 5 | 6 | 7 | 8 | 9 | | | |
| Das Baby nimmt über die Haut den ersten Kontakt wahr. | | | | | | | | | | | |
| | Erstes echtes Lächeln des Kindes bei Zuwendung. | | | | | | | | | | |
| | | Erblickt ein Kind ein Gesicht von vorn, lächelt es, eine typisch menschliche Verhaltensweise im sozialen Kontakt. Das Lächeln steigert sich bis zum lauten Juchzen, der ganze Körper geht mit. Auch fremde Personen werden angelacht. | | | | Das soziale Lächeln wird differenzierter, das Kind beginnt zu fremdeln. Oft lächelt das Kind nur noch bei vertrauten Personen. | | | | | |
| | | | | Das Kind vermag einen strengen von einem freundlichen Tonfall zu unterscheiden. | | Erstes soziales Spiel ist das „Kuckuck"-Spiel, z. B. mit einem Tuch. | Das Baby interessiert sich für sein Spiegelbild, nimmt Kontakt dazu auf und lächelt es an. | Versteckspiel mit vertrauter Person hinter Möbeln. | Das Kind ahmt Gesten nach, z. B. Winken, Klatschen. Es freut sich über Zustimmung. | Das gemeinsame Spiel verstärkt die Kontaktaufnahme. | |
| | | | | | | | | Beginn der Selbstständigkeit. Das Kind isst z. B. einen Keks aus der eigenen Hand. | | | |

*Tabelle 5.3 Die Sozialentwicklung auf einen Blick*

che Reife erreicht hat. Das Kind beginnt zunehmend selbst essen und trinken zu wollen. Später versucht es, auch beim An- und Ausziehen mitzuhelfen und seine Ausscheidung zu kontrollieren. Dieses Vorgehen sollte von den betreuenden Personen positiv begleitet und unterstützt werden. Es ist der Beginn einer Entwicklung hin zu einem freien und eigenständigen Menschen.

> Findet das Kind bei der Verselbstständigung keine Unterstützung durch die Bezugspersonen oder unterdrücken diese gar den Wunsch nach Eigenständigkeit, verliert das Kind seinen inneren Antrieb und wird zunehmend unselbstständiger.

## 5.2 Die Entwicklung eines Kindes altersgerecht unterstützen

**Aufgaben**

1. Beschreiben Sie Ihre Gedanken und Gefühle beim Anblick der Zeichnung.
2. Stellen Sie sich vor, das Kind könnte bereits sprechen. Was würde es Ihnen wohl sagen wollen?

Das Spielen mit einem Baby oder Kleinkind ist eine schöne und bereichernde Erfahrung. Dabei sollte immer die Freude am Tun und nicht ein übersteigerter Fördergedanke der betreuenden Personen die Hauptrolle spielen. Spielen bedeutet für ein Kind in erster Linie, fröhlich zu sein, sich zu bewegen und die Welt für sich zu entdecken. Altersgerechtes Spielzeug hat dabei seine Bedeutung, ist aber nur in geringen Mengen notwendig.

Gespielt werden kann mit einem Baby bereits bei der Verrichtung alltäglicher Tätigkeiten, z. B. indem das Baden, Eincremen, Anziehen oder Füttern mit einem Abzählreim oder Kinderlied begleitet wird. Dieses Vorgehen schafft Vertrauen zwischen Kind und Bezugsperson, schult die Wahrnehmung des Kindes und fördert nebenbei seine sprachlichen Fähigkeiten.

> Das Kind nicht einfach „bespielen", weil gerade Zeit dazu ist, sondern achtsam seine Signale wahrnehmen (→ S. 26).

## 5.2.1 Grundsätze zur Auswahl von Spielzeug

Der Arbeitsausschuss Kinderspiel und Spielzeug e.V., Ulm, unabhängig von Industrie und Handel, hat Kriterien und Grundsätze für die Auswahl von Spielzeug herausgegeben. Im Folgenden werden diese Grundsätze kurz dargestellt:

### Alter und Entwicklungsstand des Kindes

Wichtiger als das Alter auf der Verpackung des Spielzeugs ist die Berücksichtigung der individuellen Entwicklung sowie der Interessen und Abneigungen des Kindes.

### Fantasie und Vorstellungsvermögen

Das ausgewählte Spielzeug sollte beides anregen. Spielzeug, das das Spiel zu genau vorgibt, z. B. eine sprechende Puppe, oder dem Spiel Grenzen setzt, langweilt und demotiviert Kinder schnell.

### Umwelterfahrungen

Mit geeignetem Spielzeug können praktische Erfahrungen der Kinder sinnvoll vertieft werden, z. B. ein Bauernhofbesuch durch Holztiere.

### Spielmöglichkeiten/Anzahl und Menge

Es ist sinnvoll, Spielzeug zu wählen, das ausbaufähig ist, z. B. Bausteine, oder vorhandenes Spielzeug ergänzt, z. B. Fahrzeuganhänger. Ausreichend Bausteine für große Gebilde sind besser, als viele verschiedene Angebote mit wenig Material.

### Material und Verarbeitung/Haltbarkeit und Lebensdauer

Es gibt für Spielzeug kein gutes oder schlechtes Material, es sollte jedoch dem Spielgegenstand angemessen, z. B. Stofftier aus Plüsch, robust und langlebig sein. Spielzeug, das viel aushält, hilft dabei, eine sinnlose Wegwerfmentalität zu vermeiden.

### Gestaltung, Form und Farbe/Größe und Gewicht

Spielzeug sollte so gestaltet sein, dass es einen angenehmen Eindruck von der Umwelt vermittelt. Übertrieben buntes oder verkitschtes Spielzeug verhindert bei Kindern die Entwicklung einer feinen Wahrnehmung ihrer Umwelt. Die Größe sollte dem Alter und der Entwicklung der Feinmotorik angemessen sein.

### Umweltverträglichkeit/Preis

Die Umweltverträglichkeit hängt von verschiedenen Faktoren ab, z. B. vom Material, von der Art der Herstellung sowie seiner Reparierbarkeit. Es ist sinnvoll, Spielzeug auf dem Flohmarkt zu kaufen oder zu verkaufen.

Spielzeug, das nach diesen Kriterien beurteilt wurde, trägt das „spiel gut"-Zeichen.

## 5.2.2 Welches Spielzeug wann? – Eine Übersicht für die ersten drei Lebensjahre

*Annika arbeitet als Sozialassistentin in einer Kinderkrippe. In einer halben Stunde wird Frau Wiedemann mit ihrer zehn Monate alten Tochter Lara zum „Schnuppern" kommen. Damit sich Lara wohlfühlt, möchte Annika einen Spielplatz für sie herrichten.*

### Aufgabe

Welche Spielzeuge sollte sie dafür auswählen? Orientieren Sie sich dabei an dem Entwicklungsstand von Lara (Tabellen 5.1, 5.2, und 5.3, → S. 34, 35 und 38)

## Das 1. Lebensjahr

Im ersten Lebensjahr wird für das Kind jeder Gegenstand zum Spielzeug. Mit den Händen, aber vor allem mit dem Mund, werden die Gegenstände erkundet. Fühlt es sich hart oder weich an, ist es warm oder kalt, eckig oder rund? Spielzeuge und andere Dinge des täglichen Lebens werden zum Horchen, Fühlen, Lutschen und Werfen verwendet. Das Kind lernt durch sie Hören, Sehen, Greifen, Sitzen und sich zu bewegen. Wichtig ist, dass sie robust und ungiftig sind. Dem Kind sollten immer nur wenige Gegenstände zur gleichen Zeit zur Verfügung stehen. Es ist so in der Lage, eine einzige Sache gründlich kennenzulernen, ohne dabei überfordert zu sein.

**Spielzeug zum Schauen und Horchen**
Zum Beispiel eine Spieluhr, ein Luftballon (weich aufgepustet, sonst Platzgefahr) oder ein Mobile. Sie aktivieren die Sinne des Kindes und können später auch als Greifspielzeug dienen.

**Greifspielzeuge, Rassel, Klapper, Beißring**
Sie regen zum Greifen an und sollten anfangs am besten rund sein, so lassen sie sich überall gleich gut festhalten.

**Badewannenspielzeug**
Um das Element Wasser spielerisch zu erleben, eignen sich z. B. Schwimmtiere, Schiffe oder ein Wasserrad.

**Erste Puppe oder Stofftier**
Sie dienen zum Liebhaben und sind wichtig für die Gefühlsentwicklung.

**Ball**
Er sollte nicht zu klein und anfangs einfarbig sein. Weiche Bälle rollen langsamer als Plastikbälle. Das Kind wird zum Nachkrabbeln animiert.

## 2. bis 3. Lebensjahr

Neben den Spielzeugen, die die Wahrnehmung und vor allem die Bewegungsentwicklung des Kindes anregen, werden nach Vollendung des ersten Lebensjahres Spielzeuge zum Bauen, Konstruieren und Experimentieren interessant. Bei jüngeren Kindern sollten die Bausteine anfangs eine Größe von ca. 4 bis 5 cm je Kantenlänge haben. Auch erste Puzzles und Bilderbücher werden für die Kinder interessant und wichtig. Neben der Feinmotorik fördern sie die Konzentration.

**Spielzeug für die Bewegung und Wahrnehmung**
Nachzieh- und Schiebespielzeug, Ball, Wagen mit Ziehband, Sandwagen, Laufwagen zum Schieben. Fahrzeuge und Rutscher zum Draufsitzen, einfache Fahrzeuge und Holzeisenbahn, Schaukelpferd, Dreirad, Schlitten

**Materialien zum Bauen, Gestalten und Experimentieren**
Badewannenspielzeug, Hampelmann, Kugelbahn, Steckspielzeug, Baubecher, einfaches Puzzle, Hammerspielzeug, Bauklötze aus Holz, Fädelspiele, Fingerfarben, Wachsmalstifte, Knete, Sandkasten und Sandspielzeug, Brummkreisel

*Tabelle 5.4 Geeignete Spielzeuge im Überblick*

## 5.2.3 Beispiele für Spielanregungen im 1. Lebensjahr

**Das 1. Vierteljahr**

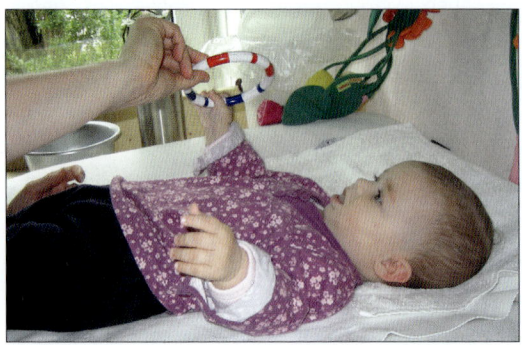

Dem Baby kann ein gut greifbarer Gegenstand in ca. 25 cm Entfernung hingehalten werden. Anfangs berührt es den Gegenstand eher zufällig, später immer gezielter.
Er kann auch im gleichen Abstand langsam von einer Seite zur anderen bewegt werden. Das Baby wird den Gegenstand mit seinen Augen folgen und später den Kopf mitdrehen.

*Greifen und Schauen in der Rückenlage*

Das Baby wird auf den rechten Unterarm mit dem Rücken zu Brust und Bauch der Bezugsperson gehoben. Der linke Arm hält das Gewicht des Kindes. Das Kind sitzt nicht mit vollem Gewicht auf dem rechten Arm, sondern dieser unterstützt nur. Das Baby kann so für kurze Zeit in den Raum schauen, später in dieser Position auch umhergetragen werden. Bei dieser Spielanregung ist es wichtig, mit dem Kind zu sprechen und zu erklären, was man tut und was es gerade sieht.

*Getragen werden mit dem Blick nach vorne*

Die Bezugsperson legt sich seitlich auf den Boden und streckt einen Arm aus. Davor wird ein Spielgegenstand für das Baby gelegt. Das Baby liegt auf dem Bauch, den Arm des Spielpartners unter dem Brustkorb. Das Baby versucht von sich aus, an das Spielzeug zu kommen. Es streckt seine Arme und versucht, sich mit den Beinen vorzuschieben. Es ist motivierend, wenn das Kind das Spielzeug nach der großen Anstrengung auch erreichen kann. Das gleiche Spiel kann auch über den Unter- oder Oberschenkel des Erwachsenen gespielt werden.

*Spielen über den Arm des Erwachsenen*

## Das 2. Vierteljahr

An einem kleinen Wasserball wird ein Band befestigt. Der Ball wird über den Körper des Babys gehalten. Achtung, nicht direkt über den Kopf halten, damit das Kind sich nicht erschreckt! Das Baby wird aktiv und mit der Zeit immer mehr gegen den Ball schlagen und ihn in Bewegung bringen. Nach einiger Zeit wird es ganz gezielt nach ihm greifen und dazu sogar die Beine mit anheben. Anfangs kann der Ball auch gegen die Fußsohlen gehalten werden. Das Baby wird versuchen, dagegenzutreten.

Das Baby kann auch mit dem Bauch auf den Ball gelegt werden. Aber Vorsicht, das Baby gut festhalten. Hat das Baby Vertrauen zu dieser Haltung, kann der Ball sanft vor- und zurückbewegt werden. Das Baby wird an diesem Spiel bald viel Freude haben und trainiert spielerisch seine gesamte Körperkoordination.

*Wasserballspiele*

## Das 2. Lebenshalbjahr

Der Erwachsene legt sich auf den Boden. Das Baby liegt auf seinem Bauch, sodass die Füße des Kindes den Boden berühren. Auf der anderen Seite liegt ein interessantes Spielzeug. Das Kind wird versuchen, über den Erwachsenen zum Spielzeug zu krabbeln, um es zu erreichen. Es muss sich dabei vorne mit seinen Armen abstützen. Dieses Spiel fördert die Bewegungsfreude des Kindes.

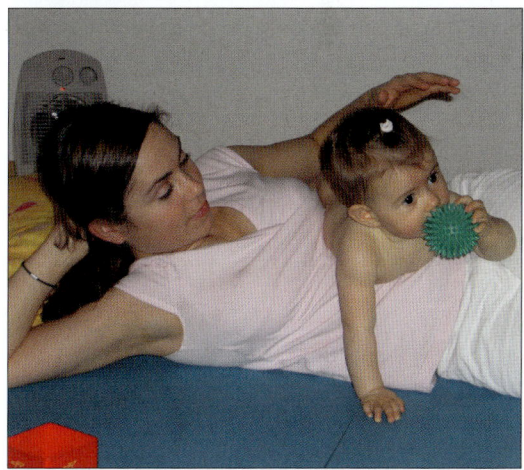

*Abstützen über den Erwachsenen*

Ein Spielzeug wird auf eine höhere Ebene gelegt, z. B. einen kleinen Kinderstuhl.
Das Kind wird sich an dem Stuhl hochziehen, um das Spielzeug zu erreichen. Es kann auch ein Spielzeug unter den Stuhl gelegt werden. Dies animiert dazu, unter dem Stuhl hindurchzukrabbeln, und fördert so Geschicklichkeit und Koordination der Bewegungen.

*Spielzeug auf der nächsten Ebene*

*Zwiegespräche*

Babys lieben es, wenn man ihnen aufmerksam zuhört und ihre Laute nachspricht. Das Baby „antwortet", indem es die Laute wiederholt. Dabei kann ein richtiges Gespräch entstehen. Wichtig ist dabei die ungeteilte Aufmerksamkeit der Bezugsperson gegenüber dem Kind sowie wenig Ablenkung im Raum. Mit dieser Form der Kommunikation kann auch Zuwendung und Körpernähe vermittelt werden. Als Position empfiehlt sich dafür die Schoßlage oder man legt sich das Kind in bequemer Haltung auf den Bauch und die Brust.

## Lieder, Fingerspiele und Bilderbücher

In jedem Alter lieben Kinder Lieder, Fingerspiele und Bilderbücher – Spielmöglichkeiten, von denen es eigentlich kein „Zuviel" gibt. Sie schulen das Gehör, die Körperwahrnehmung, die Bewegung der Körperteile und vor allem auch die Sprache des Kindes.

Einfache Lieder oder Reime, die häufig wiederholt werden, wecken seine Aufmerksamkeit. Es macht den Kindern Spaß, Worte mit Gegenständen oder dem eigenen Körper in Verbindung zu bringen. Sie lernen spielerisch, dass jedes Ding auf der Welt seinen eigenen Namen hat.

*Ein Kind macht Fingerspiele*

### Langeweile ist oft das Tor zu ungeahnter Kreativität!

Ein Kind sollte auch Langeweile erfahren. Nur dann kann es seine Fantasie benutzen und sich selbst kreativ ein Spiel oder Spielzeug neu erschaffen. So wird beispielsweise aus einem alten Eierkarton mit ein paar Wäscheklammern daran ein Boot oder aus einem Blatt Papier und ein paar Stiften ein aufregender Weltraumflieger.

### Fingerspiele für die Badewanne und den Wickeltisch

Im Badewasser kann vorgeführt werden, was eine Hand im Wasser kann:
Meine Hand kann Wirbel schlagen.
Meine Hand kann Wasser tragen.
Meine Hand kann Strudel drehen.
Meine Hand kann tauchen gehen.
Meine Hand kann Tropfen spritzen.
Meine Hand kann Furchen ritzen.
Meine Hand kann Wellen treiben.
Meine Hand kann trocken reiben.

Mit den Fingern auf dem Rücken spielen:
Der da geht wandern mit den vier andern.
Der läuft eine Acht, weil das Freude macht.
Der läuft im Kreis, weil er nichts Besseres weiß.
Der ruht sich aus, geht dann nach Haus.
Der fährt Bötchen, Kribbelkrabbelkrötchen.

**Neckspiel**

Ein kleiner brauner Bär
kommt daher,
er hat vergessen,
was zu fressen.
Da sieht er eine Nase,
ganz klein und fein.
Er läuft schnell hin
und beißt hinein.

**Zehn kleine Zappelmänner**

Zehn kleine Zappelmänner zappeln hin und her.
Zehn kleinen Zappelmännern fällt das gar nicht schwer.
Zehn kleine Zappelmänner zappeln auf und nieder.
Zehn kleine Zappelmänner tun das immer wieder.
Zehn kleine Zappelmänner zappeln rundherum.
Zehn kleine Zappelmänner, die sind gar nicht dumm.
Zehn kleine Zappelmänner spielen gern Versteck.
Zehn kleine Zappelmänner sind auf einmal weg.
Zehn kleine Zappelmänner rufen laut „Hurra!".
Zehn kleine Zappelmänner sind jetzt wieder da.

Die Finger sind die Zappelmänner. Alle Bewegungen ausführen, Finger in der Faust oder hinter dem Rücken verstecken, bei „Hurra!" wieder auftauchen lassen.

## Aufgaben

1. Erläutern Sie den Begriff „Grenzsteine" der Entwicklung.
2. Beschreiben Sie, was man unter dem
   a) „Auge-Hand-Fuß-Zusammenspiel",
   b) „Vierfüßlerstand",
   c) „Pinzettengriff" versteht.
   Ordnen Sie diesen Begriffen ein Alter des Babys zu.
3. Beschreiben Sie kurz die Entwicklung der Sprache bei einem Baby von 0 bis 12 Monaten. Nennen Sie Möglichkeiten, die Sprachentwicklung eines Kindes positiv zu unterstützen.

4. Erklären Sie den Begriff „Sozialentwicklung".
5. Nennen Sie mindestens drei Grundsätze, nach denen sinnvolles Spielzeug ausgewählt werden sollte. Erläutern Sie diese Grundsätze mit Ihren eigenen Worten.
6. Sie arbeiten in einem Kindergarten. Welche Spielzeuge wählen Sie für ein drei Jahre altes Kind aus
   a) zum Experimentieren,
   b) zum Bewegen?
7. Beschreiben Sie die entwicklungsfördernden Eigenschaften von Liedern, Büchern und Fingerspielen.

### Eine Lieder-, Spiele- und Büchermappe zusammenstellen

Bilden Sie in der Klasse drei Gruppen.
Gruppe 1: Kinderlieder
Gruppe 2: Fingerspiele/Reime
Gruppe 3: Bilderbücher

Besorgen Sie sich in der Stadtbücherei, zu Hause oder aus dem Internet Informationen über das Thema Ihrer Gruppe für Kinder im Alter von ein bis drei Jahren.

Gestalten Sie pro Gruppe mindestens ein DIN-A4-Blatt entsprechend Ihres Themas mit Liedern, Reimen und Buchtipps.
Stellen Sie sich Ihre Ergebnisse gegenseitig in der Klasse vor und gestalten Sie die Vorstellung dabei mit Beispielen: Lieder z. B. gemeinsam singen, Fingerspiele vorführen, Bücher evtl. ausleihen und mitbringen.
Kopiert ergeben die Seiten für alle Schülerinnen eine schöne Sammlung für die spätere Arbeit.

Lena macht eine Ausbildung zur Kinderpflege-rin. Zu ihren Aufgaben wird später neben der Betreuung und Pflege der Kinder, z. B. in einer Kinderkrippe, auch deren Versorgung und Ernährung gehören. Im Rahmen dieser Ausbildung möchte sie sich über die gängigen Artikel zur Säuglingsernährung im Handel informieren. Im Geschäft findet sie eine Vielzahl an Produkten vor und kann sich nicht entscheiden.

### Aufgaben

1. Beschreiben Sie, wie dieses Regal mit all seinen Produkten auf Sie wirkt.
2. Überlegen Sie, woher Sie sinnvolle Informationen über die richtige Ernährung eines Babys im ersten Lebensjahr bekommen können.

Ein Säugling benötigt im ersten Lebensjahr eine spezielle Ernährung, da sein Verdauungssystem noch nicht voll ausgereift ist. Hinzu kommt, dass gerade Säuglinge im Verhältnis zu ihrem Körpergewicht besonders viel Energie und Nährstoffe aufnehmen müssen, um sich körperlich und geistig gut entwickeln zu können. Werden ein paar einfache Regeln beachtet, ist die Ernährung eines Säuglings aber nicht so kompliziert, wie man oft meint. Wie sie genau aussehen sollte, zeigt die folgende Abbildung.

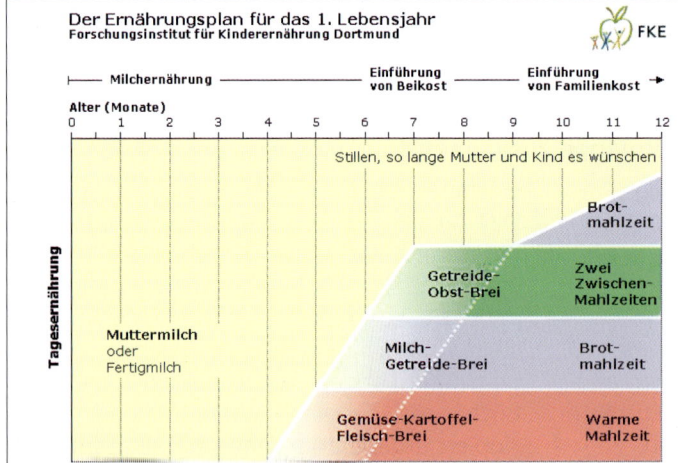

Der Ernährungsplan für das erste Lebensjahr

„Die Weltgesundheitsorganisation (WHO) empfiehlt das vollständige Stillen eines Säuglings in den ersten vier bis sechs Lebensmonaten. Danach neben geeigneter Beikost weiter so lange wie von Mutter und Kind gewünscht."

Wie die Abbildung zeigt, wird die Ernährung im ersten Lebensjahr in drei Abschnitte unterteilt:

1. In den ersten Lebensmonaten erhält das Baby Muttermilch durch das Stillen oder eine Säuglingsanfangsnahrung, die der Muttermilch in ihrer Zusammensetzung sehr nahekommt.
2. Ab dem siebten Lebensmonat werden Monat für Monat die einzelnen Milchmahlzeiten durch verschiedene Breie ersetzt.
3. Etwa ab dem zehnten Lebensmonat beginnt der schrittweise Übergang zur Familienkost.

## 6.1 Muttermilch – die beste Ernährung für das Baby

*Ein Säugling wird gestillt*

**Vorteile des Stillens für Mutter und Kind**
**Die Zusammensetzung der Muttermilch passt sich dem jeweiligen Entwicklungsstand des Babys an**. Das Kind erhält alle notwendigen Nährstoffe. Selbst während der Stillmahlzeit verändert sich die Milch: Erst ist sie dünn und löscht den Durst, dann fettreich, um den Hunger zu stillen.

**Muttermilch wirkt beim Baby vorbeugend gegen Krankheiten**, wie Magen-Darm-Infektionen oder Allergien. Sie enthält u. a. auch Wachstumshormone, die den gesamten Verdauungsapparat schneller ausreifen lassen.

**Das Saugen an der Brust fördert die Entwicklung des Kiefers**. Zahnfehlstellungen kann vorgebeugt werden.

**Muttermilch ist praktisch**. Sie ist hygienisch, gut temperiert, jederzeit verfügbar und günstig. Die Zubereitung und das Reinigen der Flaschen und Sauger entfällt.

**Das Stillen nach Bedarf fördert das natürliche Hunger- und Sättigungsgefühl des Babys**. Dies ist eine Vorbeugung im Hinblick auf spätere Essstörungen und Übergewicht.

**Stillen fördert die emotionale Bindung zwischen Mutter und Kind.**

**Stillen bringt auch der Mutter gesundheitliche Vorteile**. Nach der Geburt bildet sich z. B. die Gebärmutter schneller zurück. Bestimmte Krebserkrankungen treten bei Müttern, die gestillt haben, seltener auf.

### Schadstoffe in der Muttermilch

Als Argument gegen das Stillen wird häufig eine hohe Belastung der Muttermilch mit Schadstoffen, z. B. Schwermetallen, angeführt. Dank der allgemeinen Bemühungen um eine gesündere Umwelt sind die Gehalte an Schadstoffen in der Milch jedoch in den letzten Jahren deutlich zurückgegangen.
Eine gesunde Lebens- und Ernährungsweise der Schwangeren und stillenden Mutter trägt weiter zur Senkung des Schadstoffgehalts in der Milch bei.

## Empfehlungen:

- Obst- und Gemüsesorten auswählen, die in der **Region** angebaut werden und **Saison** haben. Sie sind weniger chemisch behandelt und haben kurze Transportwege.
- **Ökologisch angebaute Produkte**, z. B. Ökosiegel, Bioland, bevorzugen (→ S. 113).
- Auf **Alkohol, Nikotin und andere Drogen** verzichten. Dies fördert nicht nur die ungestörte Entwicklung des Kindes im Mutterleib, sondern senkt auch den Gehalt schädlicher Stoffe in der Muttermilch.

### Entwickelt sich das Baby gut?

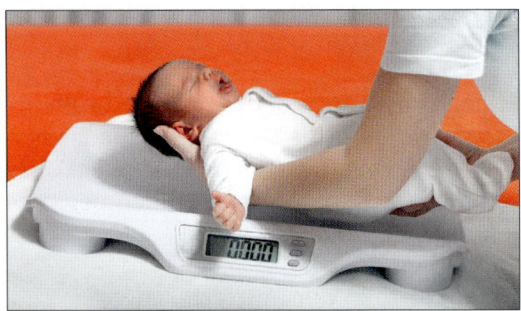

*Ein Baby wird gewogen*

Wird die Milch mit der Flasche gegeben, weiß man immer, wie viel das Baby getrunken hat; beim Stillen kann man die Milch und die Trinkmenge nicht sehen. Wichtig ist daher zu wissen, dass ein gesundes Baby von alleine weiß, wie viel es essen und trinken muss, um gut zu wachsen. Die notwendige Menge kann von Mahlzeit zu Mahlzeit stark schwanken. Ebenso beeinflussen neue Entwicklungsschritte den Bedarf an Nahrung, sodass sich plötzlich der Stillrhythmus verändert. Ausschlaggebend ist nicht die tägliche Trinkmenge des Babys, sondern **ob es aktiv und gesund ist und kontinuierlich an Gewicht zunimmt.** Bei jeder Früherkennungsuntersuchung (→ S. 92) kontrolliert der Kinderarzt das Gewicht und die Größe des Kindes und berät bei evtl. Abweichungen.

Auf das Zufüttern von Tee, Wasser, Zuckerlösung, Säften oder Milch sollte bei einem gesunden Baby, das an der Brust trinkt, verzichtet werden.

## 6.2 Industrielle Säuglingsmilchnahrung als Alternative zum Stillen

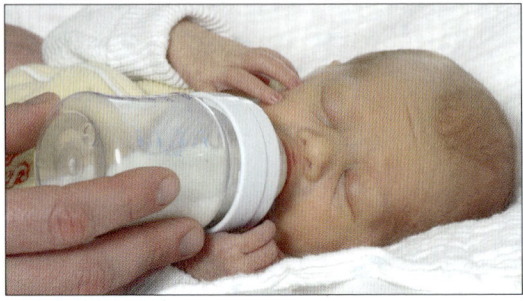

*Ein Säugling bekommt Säuglingsmilch aus der Flasche*

Wenn ein Säugling nicht gestillt wird, ist die Verwendung einer industriell hergestellten Säuglingsmilchnahrung die Alternative. Diese Milch ist im Nährstoff- und Energiegehalt der Muttermilch ähnlich, hygienisch unbedenklich und schadstoffarm. Damit ein gleichbleibender Qualitätsstandard der Säuglingsmilch bei allen Herstellern gewährleistet wird, hat die Europäische Union strenge Vorschriften erlassen, nach denen die Zusammensetzung der Säuglingsnahrung einheitlich geregelt ist.

Für welche Marke man sich entscheidet, ist Geschmackssache und eine Frage des Preises.
Hat sich das Baby jedoch an eine Sorte Milch gewöhnt, sollte die Marke nicht mehr gewechselt werden. Das Verdauungssystem des Kindes stellt sich darauf ein, ein Wechsel kann Verdauungsstörungen auslösen.

Von der Selbstzubereitung von Säuglingsmilch aus Kuh-, Ziegen- oder Stutenmilch sowie Mandel-, Reis- oder Frischkorn-„Milch" ist abzuraten, da kein ausgewogener Nährstoffgehalt erreicht wird.

**Eine Ernährung mit diesen Milchsorten kann zu Wachstumsstörungen beim Säugling führen.**

| Bezeichnung | Merkmale | Beurteilung |
|---|---|---|
| Säuglingsanfangs-nahrung „PRE" | In Konsistenz und Zusammensetzung der Muttermilch weitgehend angeglichen. | Für die Ernährung im gesamten 1. Lebensjahr geeignet. |
| Säuglingsanfangs-nahrung „1" | Enthält neben Milchzucker noch Stärke. Kann Kristallzucker oder andere Zuckerarten enthalten. | Für die Ernährung im gesamten 1. Lebensjahr geeignet. |
| Folgenahrung, Folgemilch „2", „3" und Kindermilch | Hat einen höheren Gehalt an Eiweiß und Mineralstoffen und enthält Milchzucker, Stärke und andere Zuckerarten. Sie kann auch Geschmacksstoffe und Aromen enthalten. | Nicht geeignet. Es besteht die Gefahr der Überfütterung. |
| HA – Nahrungen | Das in der Milch enthaltene Eiweiß ist stark aufgespalten (hydrolysiert) und somit weniger allergieverursachend. | Empfehlenswert für allergiegefährdete Säuglinge, die nicht gestillt werden. |

*Tabelle 6.1 Industrielle Säuglingsnahrung*
Quelle: Forschungsinstitut für Kinderernährung FKE

## 6.2.1 Die Zubereitung von Säuglingsmilch

*Tanja ist Kinderpflegerin in einer Kinderkrippe, die auch sehr kleine Babys betreut. Da sie sparsam erzogen wurde und Lebensmittel nicht gerne wegwirft, ärgert sie sich immer, dass ihre Kollegin Hannah nach den Mahlzeiten die Reste der Säuglingsmilch in den Ausguss schüttet. Tanja macht deshalb den Vorschlag, die Milchflaschen mit einem Namensaufkleber zu versehen und Reste bis zur nächsten Mahlzeit in den Kühlschrank zu stellen. Wieder aufgewärmt ist die neue Milchmahlzeit dann noch schneller für die Babys fertig.*

**Aufgabe**

Nehmen Sie kritisch Stellung zu dem Vorschlag von Tanja und diskutieren Sie ihn in der Klasse.

Die Zubereitung industrieller Säuglingsmilch ist einfach: Die Anleitung dafür befindet sich auf der Verpackungsrückseite und ist von Milchsorte zu Milchsorte unterschiedlich. Um Ernährungsfehlern vorzubeugen, ist die genaue Einhaltung der Anleitung wichtig.
Fertige Säuglingsmilch ist ein idealer Nährboden für krankheitserregende Keime, die z. B. Durchfall verursachen können.

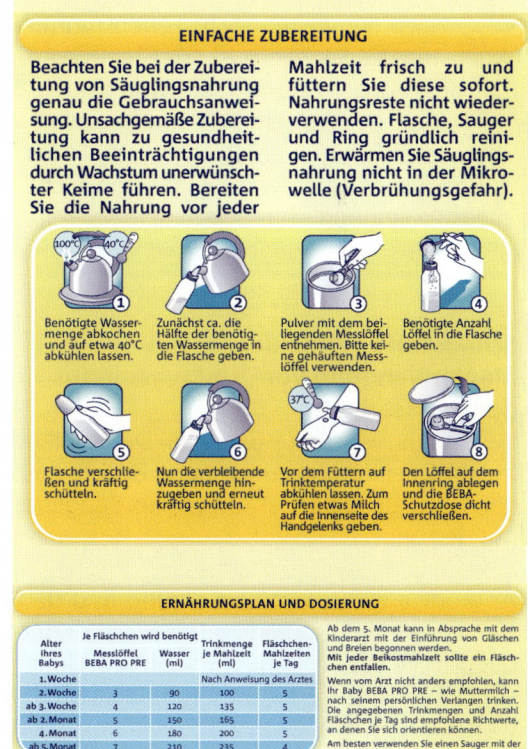

*Verpackungsrückseite einer Säuglingsmilch mit Zubereitungsanleitung*

Bei der Zubereitung der Milch muss deshalb unbedingt auf die Einhaltung folgender **Hygieneregeln** geachtet werden:

- Leitungswasser vor der Zubereitung abkochen. 1 bis 2 Minuten sprudelnd kochen lassen, oder
- für Säuglinge geeignetes Mineralwasser gut verschlossen im Kühlschrank aufbewahren und vor Gebrauch ebenfalls abkochen.
- Packungen mit Milchpulver nach Gebrauch sorgfältig verschließen.
- Flaschen und Sauger nach jeder Mahlzeit gründlich reinigen und sterilisieren.
- Nur sterilisierte Flaschen und Sauger zur Zubereitung der Milch verwenden.

Jede Milchflasche immer frisch zubereiten und keine Reste wieder aufwärmen. So kann eine schnelle Vermehrung krank machender Erreger vermieden werden.

Nach den ersten sechs Lebensmonaten des Säuglings ist das Sterilisieren der Flaschen und Sauger sowie das Abkochen des Wassers nicht mehr notwendig, da sich das Verdauungssystem des Säuglings weiterentwickelt hat und nicht mehr so empfindlich reagiert.

## Reinigung und Sterilisation der Flaschen und Sauger

Das Reinigen und Sterilisieren der Milchflaschen und Sauger ist wichtig zur Vorbeugung von Verdauungsbeschwerden beim Kind. Es sollte in drei Schritten erfolgen:

1. Flaschen und Sauger kalt abspülen.
2. Mit heißem Wasser, Spülmittel und Flaschenbürste reinigen.
3. Sterilisieren.

Folgende **Sterilisiermethoden** sind möglich:

- Auskochen der Flaschen und Sauger im Kochtopf, 10 Minuten sprudelnd kochen.
- Dampfsterilisieren im Sterilisiergerät, im Mikrowellengerät oder im Schnellkochtopf, Anleitung für das Gerät beachten.
- Reinigen der Flaschen in der Spülmaschine, für Sauger nicht geeignet.

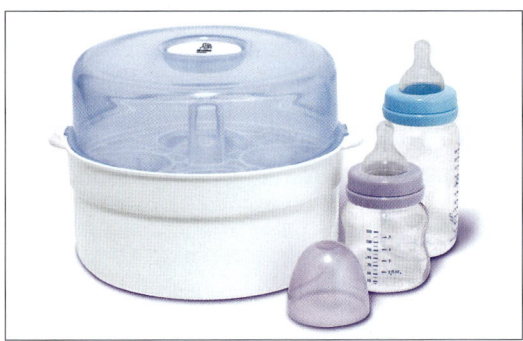

*Sterilisationsgerät für Milchflasche*

## Schadstoffe vermeiden –
## die Verwendung von Trinkwasser aus dem Wasserhahn

Das Leitungswasser unterliegt in Deutschland hohen Qualitätsansprüchen und ist sehr sauber. Es ist für die Ernährung eines Säuglings gut geeignet.

Auskünfte zur Zusammensetzung und dem Gehalt von Schadstoffen im Trinkwasser erteilt das örtliche Wasserwerk. Vor allem der Gehalt von Nitrat (Grenzwert 50 mg/l), Blei (Grenzwert 0,02 mg/l) und Kupfer (Grenzwert 2 mg/l) sollte bestimmte Werte nicht überschreiten, um die Gesundheit des Säuglings nicht zu gefährden.

Ist das Trinkwasser aus dem eigenen Haushalt für die Säuglingsernährung nicht geeignet, z. B. weil der Nitratgehalt zu hoch ist, sollte ein Mineralwasser mit der Aufschrift „Geeignet für die Zubereitung von Säuglingsnahrung" verwendet werden.

## 6.2.2 Füttern von Säuglingsmilch mit der Flasche

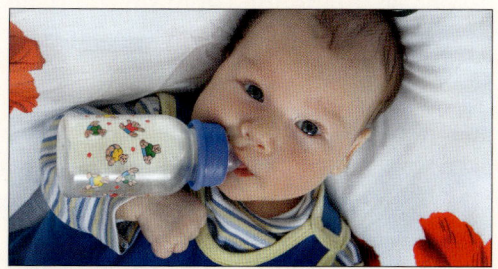

### Aufgaben

Stellen Sie sich vor, Sie sind die Betreuungsperson und sollen ein Baby mit der Flasche ernähren.

1. Würden Sie es eher wie in der ersten oder wie in der zweiten Abbildung machen? Begründen Sie Ihre Antwort.
2. Sammeln Sie jeweils Vor- und Nachteile für die dargestellten Ernährungssituationen.

Sinnvolle **Ernährungserziehung** und Vorbeugung von späteren Essstörungen beginnt bereits im Säuglingsalter. Wird das Kind bei den Mahlzeiten nicht alleine gelassen, kann die Betreuungsperson auf das natürliche Hunger- und Sättigungsgefühl des Babys direkt reagieren. Die Nahrungsaufnahme kann deutlich vom Spiel getrennt werden.

Das Bedürfnis nach Körperkontakt ist bei Kindern, die bereits selbstständig aus der Flasche trinken, genauso groß wie bei Stillkindern. Die körperliche Nähe durch die Betreuungsperson trägt auch hier zur **Bildung einer emotional gesunden und festen Bindung** zwischen dem Erwachsenen und dem Kind bei.

## Der richtige Sauger

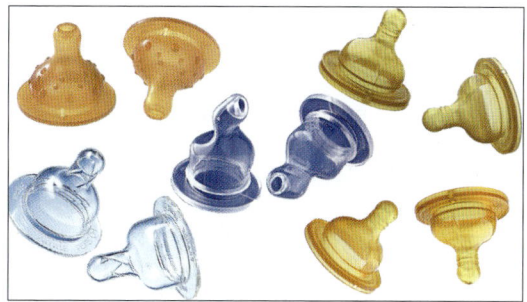

*Verschiedene Sauger für Tee und Milch aus Latex und Silikon*

Wird das Baby mit Säuglingsmilch oder Tee gefüttert, sollte auf die richtige Saugergröße geachtet werden. Die Löcher für die Flüssigkeiten Tee, Milch und Brei sind unterschiedlich groß. Ein entsprechender Vermerk befindet sich auf der Verpackung oder direkt am Sauger. Die Flüssigkeit sollte nur langsam aus dem Sauger tropfen und nicht herausrinnen, da sich das Baby sonst verschluckt.

Um Kieferverformungen vorzubeugen, sollte der Sauger kiefergerecht geformt sein.

 Sind beim Baby Zähne vorhanden, ist der Sauger immer vor dem Gebrauch auf seinen einwandfreien Zustand zu überprüfen. Das gilt für Schnuller und Flaschensauger gleichermaßen.

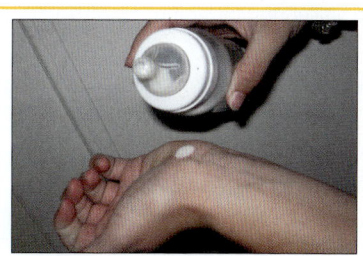

Bevor das Fläschchen dem Baby gegeben wird, immer eine Tropfprobe auf dem eigenen Handgelenk machen. Bemerkt man den Tropfen kaum, hat die Milch die ideale Trinktemperatur. Bemerkt man ihn stark, ist die Milch zu heiß.

## 6.3 Bauchschmerzen und Spucken

Neugeborene Babys sind empfindsam und reagieren mit ihrem Körper stark auf ihre neue Umwelt. In den ersten drei bis sechs Lebensmonaten kann es deshalb vorkommen, dass sie viel weinen und schreien.

Zwei häufige Ursachen dafür sind Blähungen und Bauchschmerzen. Der Unterbauch des Kindes fühlt sich dann in der Regel hart und prall an. Diese Erscheinung wird auch als **Dreimonatskoliken** bezeichnet.

*Häufiges Weinen kann ein Hinweis auf Bauchschmerzen sein*

**Auslöser für Bauchschmerzen:**
- Das gestillte Baby verträgt bestimmte Lebensmittel nicht, die die Stillende isst, z. B. Zwiebeln. **Blähende Lebensmittel** sollten während des Stillens gemieden werden.
- Es liegt eine **allergische Reaktion** auf die Flaschennahrung vor. Eine Abklärung durch den Kinderarzt sollte erfolgen.
- Das Kind reagiert auf zu viele Reize aus seiner Umwelt (→ S. 29).

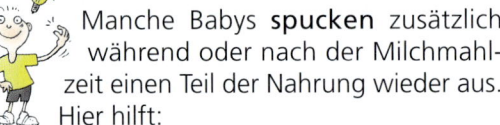

Manche Babys **spucken** zusätzlich während oder nach der Milchmahlzeit einen Teil der Nahrung wieder aus. Hier hilft:
- Häufiger kleine Mahlzeiten anbieten.
- Während der Mahlzeit häufiger ein Bäuerchen machen lassen.
- Nicht direkt nach dem Essen die Windeln wechseln.

### Was dem Baby helfen kann

| | | |
|---|---|---|
| **Fenchel- und Kümmeltee** wirkt krampflösend und lindert die Blähungen. Er hilft auch, wenn die stillende Mutter ihn trinkt. | Eine **Bauchmassage** mit Kümmelöl löst Blähungen. Die Massage wird mit der warmen Hand im Uhrzeigersinn um den Bauchnabel des Babys herum ausgeführt. Die Wärme der Hand und die Nähe zur Bezugsperson tun dem Baby gut. Es entspannt sich und entkrampft seinen Körper. | Der **Fliegergriff**: Der Bauch des Säuglings kann sich in dieser Haltung gut entspannen, die warme Hand der tragenden Person übt einen leichten Druck auf den Bauch aus, der häufig die Blähungen löst. |
|  | 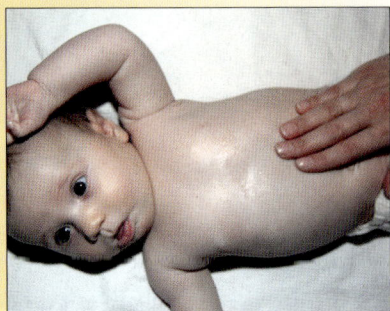 |  |

*Tabelle 6.2 Mögliche Hilfen bei Bauchschmerzen*

## 6.4 Babys erster Brei

Frühestens ab dem fünften Monat, bei voll gestillten Babys ab ca. dem siebten Monat, wird die erste Milchmahlzeit durch einen Brei ersetzt. Die Nährstoffe der Milch genügen dem Baby nun nicht mehr.

Für den ersten Brei wird die Mittagsmahlzeit ausgewählt, da die betreuende Person das Kind am Tag am besten beobachten und feststellen kann, wenn es ein Nahrungsmittel nicht gut verträgt.

Die erste Gewöhnung an den Löffel sollte behutsam erfolgen. Für das Baby ist es gut, wenn es anfangs den Löffel ohne Inhalt spielerisch erkunden und in den Mund nehmen darf. Ein paar Tropfen Muttermilch mit dem Löffel gegeben fördern das neue Schlucken und machen mit der Esshilfe vertraut.

> Ob der richtige Zeitpunkt für den ersten Brei gekommen ist, zeigt das Baby in der Regel von sich aus an, indem es großes Interesse an dem Essen der Erwachsenen und der größeren Kinder zeigt und gerne nach dem Löffel greift.

Für den Start mit der Beikost eignet sich ein reiner Gemüsebrei ohne weitere Zutaten, wie Salz, der aus Karotten, Pastinaken oder Kürbis besteht. Aufgrund des süßlichen Geschmacks werden diese Sorten vom Baby am Anfang gut angenommen. Nach den ersten Löffeln Gemüse wird das Kind gestillt oder bekommt die Flasche wie bisher, damit es satt wird. Mag das Kind das Gemüsepüree und kann es gut schlucken, kann die Menge des Breis langsam gesteigert werden.

Nach ca. einer Woche wird zum **Gemüse-Kartoffel-Brei** übergegangen, $2/3$ Gemüse und $1/3$ Kartoffeln. Nach etwa vier Wochen sollte das komplette Mittagessen durch den **Gemüse-Kartoffel-Fleisch-Brei** oder den vegetarischen **Gemüse-Kartoffel-Getreide-Brei** ersetzt werden.

Ab dem achten Lebensmonat wird die nächste Stillmahlzeit durch einen Abendbrei, den **Vollmilch-Getreide-Brei,** ersetzt. Als Letztes erfolgt im neunten Lebensmonat des Babys die Einführung des Nachmittagsbreies als **Getreide-Obst-Brei.**

### 6.4.1 Zubereitung der Breie

**Eine fleischlose Alternative: vegetarischer Gemüse-Kartoffel-Getreide-Brei**

Fleisch ist ein guter Eisenlieferant in der Ernährung des Menschen. Die regelmäßige Zufuhr dieses Mineralstoffs ist für das Baby wichtig, da sich die eigenen Eisenreserven nach den ersten sechs Lebensmonaten erschöpfen. Dennoch möchte nicht jeder jeden Tag Fleisch zubereiten und damit sein Kind ernähren. Als eisenreiche Alternative bietet sich ein Mittagsbrei an, bei dem das Fleisch durch Hafer- oder Hirseflocken ersetzt wird, da diese Getreidesorten sehr eisenreich sind. Bei der Zubereitung sollte auf die Zugabe von Vitamin-C-reichem Saft geachtet werden. Vitamin C sorgt dafür, dass das Eisen aus dem Getreide leichter im menschlichen Körper verarbeitet werden kann.

*Vegetarischer Brei*

| | |
|---|---|
| 100 g | Gemüse |
| 50 – 60 g | Kartoffeln |
| 10 g | Vollkornflocken, z. B. Hafer oder Hirse |
| 40 ml | Wasser |
| 4 EL | Vitamin-C-reicher Saft |
| 10 g | Öl |

*Zubereitung*

Das Gemüse und die Kartoffeln waschen, putzen oder schälen und klein schneiden. In einem kleinen Topf ca. 4 EL Wasser zum Kochen bringen, Gemüse und Kartoffeln zugeben, den Topf gut verschließen und alles weich dünsten. Anschließend die Flocken einstreuen und 5 Minuten mitgaren. Instantflocken erst zum Schluss in den heißen Brei einrühren. Alles fein pürieren. Ist der Brei zu dick, etwas mehr Wasser zugeben. Anschließend Öl und Saft unterrühren.

| **Mittags** frühestens nach d. 4. Monat* | **Abends** frühestens nach d. 5. Monat* | **Nachmittags** frühestens nach d. 6. Monat* |
|---|---|---|
| **Gemüse-Kartoffel-Fleisch-Brei** | **Getreide-Vollmilch-Brei** | **Getreide-Obst-Brei** |

| | | |
|---|---|---|
| 100 g Gemüse | 200 ml Vollmilch, industrielle Säuglingsmilch oder Muttermilch | 90 ml Wasser |
| 50 g Kartoffeln | 20 g Vollkorngetreideflocken | 20 g Vollkorngetreideflocken |
| 30 g mageres fein geschnittenes Fleisch oder frisch durchgedrehtes Hackfleisch | 20 g Vitamin-C-reicher Saft oder Obstmus | 100 g Obst |
| 10 g Öl (ca. 1 EL) | | 5 g Öl (ca. 1 TL) |
| 3 – 4 EL Vitamin-C-reicher Saft oder Obstpüree | | |

**Alle anderen Mahlzeiten sind Milchmahlzeiten**

| **Zubereitung** | **Zubereitung** | **Zubereitung** |
|---|---|---|
| Das Gemüse und die Kartoffeln waschen, putzen oder schälen und klein schneiden. Circa 4 EL Wasser in einem kleinen Topf zum Kochen bringen, Gemüse, Kartoffeln und Fleisch zugeben und in ca. 10 Minuten weich dünsten. Anschließend alles fein pürieren und den Vitamin-C-reichen Saft sowie das Öl hinzufügen. Ist der Brei zu dick, kann noch etwas abgekochtes Wasser zugegeben werden. Die Verwendung von Salz oder Gemüsebrühe ist überflüssig, da das Salz von den Nieren des Babys noch nicht vollständig verarbeitet werden kann und das reine Gemüse für das Baby einen ausreichend würzigen Geschmack hat. | Bei der Verwendung von Instantflocken: Milch erhitzen und Flocken einrühren. Die Flocken quellen auf und machen den Brei dick. Bei der Verwendung von herkömmlichen Getreideflocken: Flocken in kalte Milch einrühren und mit der Milch ca. 3 – 5 Minuten aufkochen. Wird Säuglingsmilchpulver verwendet, wird der Brei mit Wasser gekocht und anschließend das Milchpulver untergerührt. Muttermilch sollte immer nur erwärmt und nicht aufgekocht werden. Zum Schluss den Obstsaft zugeben, damit das hitzeempfindliche Vitamin C nicht zerstört wird. | Vollkornflocken in kaltes Wasser geben, aufkochen und 3 – 5 Minuten quellen lassen. Instantflocken in heißes Wasser einrühren und quellen lassen. Obstmus und Öl zufügen, alles gut verrühren. |

*Tabelle 6.3 Die Beikost im zweiten Lebenshalbjahr*

*\* bei voll gestillten Babys*

## 6.4.2 Auswahl der Zutaten

### Gemüse

Nährstoffreiche Sorten, z. B.: Karotten, Fenchel, Kohlrabi, Zucchini, Brokkoli, Blumenkohl, Pastinaken, Kürbis
Ware aus ökologischem Landbau bevorzugen. Auf Regionalität und Saisonalität achten (→ S. 113). Es kann auch Tiefkühlgemüse, ohne weitere Zusätze, oder reines Gemüse aus dem Gläschen verwendet werden.

### Fleisch

Magere Stücke vom Rind, Kalb, Lamm, Schwein oder Geflügel, je dunkler, umso eisenreicher. Hackfleisch immer am selben Tag verarbeiten.

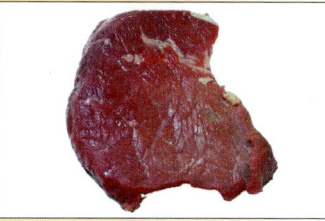

### Obst

Vitamin C unterstützt die Eisenaufnahme aus Fleisch, Obst und Getreide in den Körper.
Vitamin-C-reicher Saft: Orangen-, Apfel- oder Birnensaft
Als Obst eignen sich Äpfel, Birnen, Aprikosen, Pfirsiche, Bananen, erst gedünstet, dann püriert, später gerieben. Auf ökologischen Landbau achten.

### Milch

Bei nicht allergiegefährdeten Babys wird Vollmilch verwendet, Frisch- oder H-Milch, mit 3,5 % Fett. Die Zufuhr von Fett ist im 1. Lebensjahr wichtig, z. B. für eine gute Gehirnentwicklung. Roh- oder Vorzugsmilch ist nicht geeignet, da sie schädliche Keime enthalten kann.

### Getreide

Vollkornflocken enthalten am meisten Ballaststoffe, Vitamine und wichtige Mineralstoffe. Es eignen sich Reis-, Hafer-, Hirse- oder Dinkelflocken. Instantflocken ohne weitere Zusätze sind praktisch und brauchen nur in heiße Flüssigkeit eingerührt zu werden.

### Öl

Es eignen sich raffiniertes Raps-, Sonnenblumen- oder Maiskeimöl. Abwechselnd mit Öl kann auch Butter verwendet werden.

*Tabelle 6.4 Zutaten für die Beikost*

Um festzustellen, ob ein Kind eine Zutat gut verträgt, sollte jedes neue Lebensmittel nicht schneller als im Abstand von einer Woche eingeführt werden. Wird alles gut vertragen, kann dem Kind eine große Bandbreite an verschiedenen Obst- und Gemüsesorten angeboten werden. Der frühe Kontakt mit verschiedenen Lebensmitteln fördert auch die Allergievorbeugung.

Auf das Würzen der Breie kann verzichtet werden. Der Geschmackssinn entwickelt sich umso feiner, je natürlicher das Kind z. B. die einzelnen Gemüse- oder Obstsorten schmecken kann.

### 6.4.3 Kochen auf Vorrat

Der Mittagsbrei muss nicht täglich frisch gekocht werden. Es kann auch eine größere Menge Brei auf einmal zubereitet und in Portionen, 180 g oder 250 g, je nach Alter des Kindes, eingefroren werden.

**Tipps, um unerwünschte Keime zu vermeiden:**

- Den Brei nach der Zubereitung schnell im kalten Wasserbad herunterkühlen und einfrieren.
- Nach dem Auftauen im Kühlschrank den Brei einmal kurz aufkochen.
- Schon einmal aufgewärmte Breiportionen kein weiteres Mal erwärmen.

*Praktisches Vorratsrezept*

#### Vorratsrezept für die Praxis

300 g  mageres Fleisch, evtl. vom Fleischer durchgedreht oder fein geschnitten
1 kg  Gemüse, eine oder max. zwei Sorten
500 g  Kartoffeln

#### Zubereitung

*Gemüse und Kartoffeln waschen, putzen oder schälen und klein schneiden. In einem großen Topf etwas Wasser zum Kochen bringen, Gemüse, Kartoffeln und Fleisch zugeben, Topf gut verschließen und alles weich dünsten. Anschließend fein pürieren und in Portionen einfrieren. Damit die Vitamine voll erhalten bleiben, werden Saft und Öl erst kurz vor dem Verzehr dem Brei zugegeben.*

*Fleisch kochen für den Vorrat*

*Ein großes Fleischstück in Wasser gar kochen, klein schneiden und mit Kochbrühe pürieren. Den Fleischbrei in einen Eiswürfelbereiter füllen und gefrieren lassen. Die fertigen Fleisch-Eiswürfel platzsparend in eine Plastikdose umfüllen. Die einzelnen Fleischwürfel werden bei Bedarf dem Gemüse-Kartoffel-Brei beigegeben und mit diesem zusammen erhitzt.*

Wird ein Brei im **Mikrowellengerät** erhitzt, muss er vor dem Verzehr gründlich umgerührt werden, damit sich das Baby nicht verbrennt. Manchmal ist der Brei nur in der Mitte heiß.

### 6.4.4 Getränke

Solange dem Säugling ausschließlich Mutter- oder industrielle Säuglingsmilch gegeben wird, ist zusätzliche Flüssigkeit nur dann evtl. notwendig, wenn das Kind stark schwitzt oder eine fiebrige Erkrankung hat.

Mit der Einführung der Beikost wird die Nahrung fester, der Säugling kann häufiger Durst haben. Spätestens mit der Einführung der Familienkost sollte das Kind regelmäßig zusätzlich Flüssigkeit zu sich nehmen.

Mit einem Jahr benötigt ein Kind mindestens 600 ml zusätzliche Flüssigkeit am Tag.

**Gesunde Durstlöscher sind:**
- Trinkwasser aus dem Wasserhahn
- Mineralwasser, anfangs ohne Kohlensäure
- ungesüßte Kräuter- und Früchtetees
- Rotbuschtee
- Frucht- oder Gemüsesäfte ohne Salz- und Zuckerzusatz

Zum Schutz vor Karies und Allergien sollten Kinder keine Getränke mit Zusätzen, z. B. Zucker oder Aromen, erhalten. Auch wenn eine Verpackung die Aufschrift „kristallzuckerfrei" trägt, kann sich Zucker hinter vielen anderen Namen verbergen, z. B. Glukose.
Fruchtsäfte enthalten von Natur aus Zucker und sollten deshalb stark verdünnt werden: ein Teil Saft auf zwei Teile Wasser.

Auch kleine Kinder sind bei etwas geduldiger Anleitung und Übung geschickt beim Trinken aus dem Lernbecher oder Glas. Flaschen mit Sauger sollten für die zusätzlichen Getränke nicht mehr verwendet werden. Sie verleiten zum schädlichen Dauernuckeln!

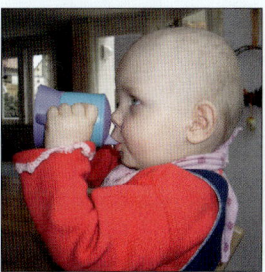

*Trinken aus dem Glas*  *Trinken aus der*

## 6.5 Übergang zur Familienkost

**Aufgabe**

Kinder wollen sich irgendwann nicht mehr füttern lassen. Überlegen Sie sich, wie Sie ein Kleinkind, das lernt, selbstständig zu essen, am besten begleiten können.

Ab ca. dem zehnten Lebensmonat interessiert sich das Kind immer mehr für das Essen der Erwachsenen und möchte den eigenen Löffel und z. B. Brot, weiche Kartoffel-, Gemüse- oder Obststücke selbst in die Hand nehmen.

Wichtig ist nach wie vor, dass das Kind alle Lebensmittel langsam kennenlernt und das Essen nicht zu fett, süß, salzig oder stark gewürzt ist.

Die vier gleich großen Milch- und Breimahlzeiten gehen langsam in drei Haupt- und zwei kleinere Zwischenmahlzeiten über.

| Frühstück/ Abendessen | Mittagessen | Zwischenmahlzeiten |
|---|---|---|
| Statt Milch oder Brei werden kleine Brotstücke in die Hand gegeben. Es gibt Milch aus der Tasse, Naturjoghurt, Schnitt- und Frischkäse. | Die Bestandteile bleiben gleich. Die Zutaten werden aber nicht mehr wie bisher püriert, sondern zerdrückt. | Der Nachmittagsbrei entfällt. Die Zwischenmahlzeiten bestehen aus weichem Obst sowie Stücken von Zwieback, Reiswaffel, usw. |

Tabelle 6.5  Der Übergang vom Brei zum festen Essen

Kinder verschlucken sich häufig. Deshalb sind kleine und harte Lebensmittel, wie Nüsse oder rohe Karotten zu meiden. Stücke davon können in die Luftröhre gelangen und das Kind kann ersticken (→ S. 97, 99).

Das selbstständige Essen durch eine „kleckerfreundliche" Umgebung erleichtern! Kinder wollen Essen nicht nur schmecken, sondern mit allen Sinnen erfassen. Riechen und Fühlen von Essen sind für sie wichtige Erlebnisse.

## 6.6 Zusätzliche Hinweise zur Beikost

Bei der Ernährung im 1. Lebensjahr und dem Einkauf von Produkten für die Beikost sind folgende Punkte zu beachten:
- Allergiegefährdete Kinder werden wie nicht allergiegefährdete Kinder nach dem Ernährungsplan ( → S. 46) ernährt.
- Neue Lebensmittel sollten einzeln und im wöchentlichen Abstand eingeführt werden. Allergische Reaktionen können so rechtzeitig erkannt werden. Außerdem kann sich der Geschmackssinn des Babys so besonders fein entwickeln.
- Zutaten, wie Gewürze, Nüsse, Schokolade, Kakao oder Aromen meiden, da sie Allergien auslösen können.

Kinder mit Allergien dürfen in einer Einrichtung nur in enger Absprache mit den Eltern und/oder dem Kinderarzt ernährt werden. Eventuell eine Liste mit unverträglichen Lebensmitteln geben lassen.

- Zuckerzusätze fördern Karies und sind zu meiden. Salzfreie Produkte wählen.
- Sehr fettarme Produkte (manche Gläschenkost) kann mit Rapsöl aufgewertet werden. Mengen siehe Brei-Rezepte.
- Nur den Milch-Getreide-Brei mit Milch zubereiten, da zu viel Eiweiß Leber und Nieren schädigt.
- Bei Gläschenkost auf eine einfache Zusammensetzung achten. Zusatzstoffe und Aromen meiden.
- Zur Allergievorbeugung bereits frühzeitig unterschiedliche Obst-, Gemüse- und Getreidesorten anbieten.

Kind mit Neurodermitis

## Aufgaben

1. Beschreiben Sie, warum Muttermilch die beste Ernährung für einen Säugling ist.

2. Sie sollen in der Einrichtung für mehrere Kinder Flaschennahrung zubereiten. Beschreiben Sie, worauf Sie dabei achten müssen.

3. In Ihrer Einrichtung ist ein Säugling, der nach den Milchmahlzeiten häufig weint, weil er Blähungen und Bauchschmerzen hat. Beschreiben Sie verschiedene Möglichkeiten, dem Baby zu helfen und es zu beruhigen.

4. Erläutern Sie mit eigenen Worten, wie die Einführung von Beikost bei einem Säugling ab dem siebten Lebensmonat abläuft.
   a) Welcher Brei wird wann eingeführt?
   b) Welche Zutaten wählen Sie für einen kompletten Mittagsbrei aus?

5. Besorgen Sie sich Informationen über Gläschenkost, z. B. im Geschäft, Internet. Betrachten Sie auch in einem Geschäft die Etiketten mit den Zutatenlisten verschiedener Gläschen.
   Erarbeiten Sie anschließend in einer Tabelle jeweils Vor- und Nachteile
   a) der Verwendung von Gläschenkost,
   b) der Selbstherstellung von Beikost.

6. Ältere Babys und Kleinkinder essen gerne mit den Händen. Überlegen Sie gemeinsam mit Ihrer Tischnachbarin, wie Sie das Mittagessen in der Kita besonders „erlebnisorientiert" gestalten können. Welche Lebensmittel bieten sich als „Fingerfood" für diese Altersgruppe dabei besonders an?

7. Morgens werden in der Kindertagesstätte immer einige Kannen Tee zubereitet, die allen Kindern den ganzen Vormittag über bei Durst zur Verfügung stehen.

Stellen Sie sich vor, Sie sollen den Tee zubereiten und haben die Wahl zwischen folgenden Teesorten:
a) Vergleichen Sie die beiden Etiketten miteinander.
b) Erläutern Sie, für welchen Tee Sie sich entscheiden und begründen Sie Ihre Antwort.
c) Erklären Sie, warum bereits sehr kleine Kinder aus einer Trinklerntasse, einem Glas oder einem Becher trinken lernen sollten und warum Dauernuckeln schädlich ist.

**Instant-Tee „Morgensonne"**
Super schnell – super lecker
Zubereitung: 3 Teelöffel pro Tasse
in kaltem oder warmem Wasser
auflösen.
Zutaten: Zucker, Traubenzucker,
Säuerungsmittel Zitronensäure,
Hibiskusblütenextrakt, Aroma,
Vitamin C, Hagebuttenextrakt

**Beutel-Tee „Früchtezauber"**
Aromatisch, fruchtig frisch
Zubereitung: 1 Beutel pro Tasse
oder 3 Beutel für eine Kanne.
Mit sprudelnd kochendem Wasser
übergießen und 5–8 Minuten
ziehen lassen
Zutaten: Hagebutten, Hibiskus,
Äpfel, Orangenschalen, Holunder-
beeren, Pfefferminze

## 7.1 Die Ernährung in der Einrichtung

*An einem Elternabend bittet die Erzieherin Gudrun die Eltern darum, ihren Kindern zum Frühstück nur etwas Gesundes mitzugeben. Einige Mütter protestieren, weil sie selber entscheiden möchten, was ihr Kind isst, oder ihr Kind solche „gesunden" Dinge nicht essen würde.*

*Am nächsten Morgen bringen die Kinder Folgendes zum Frühstück mit:*

### Aufgabe

1. Bilden Sie Zweier-Teams, wobei eine von Ihnen die Rolle der Erzieherin übernimmt und die andere eine skeptische Mutter spielt. Sammeln Sie die jeweiligen Argumente und bewerten Sie sie im Klassenverband.

2. Listen Sie die Beispiele nach ihrem Gesundheitswert in absteigender Reihenfolge auf. Begründen Sie Ihre Auswahl.

Essen macht Spaß: Knackiges Obst schmeckt nicht nur, es sieht auch lecker aus, riecht frisch und fühlt sich einfach gut an. Kinder genießen das Essen mit allen Sinnen. Sie sind neugierig und probieren aus, auch wenn sie anfangs manchmal skeptisch sind. Diese Neugierde kann genutzt werden, um den Kindern verschiedene Lebensmittel in unterschiedlicher Art und Weise anzubieten. Manche Lebensmittel schmecken erst nach häufigem Probieren. Gerade im Vor- oder Grundschulalter lernen Kinder leicht und entwickeln Vorlieben und Gewohnheiten. Sie sind dann besonders offen für Aktionen rund ums Essen und machen gerne bei der Planung oder Zubereitung des Essens mit. Je mehr sie integriert werden, desto mehr akzeptieren sie auch ungewohnte Lebensmittel.

Wie und was Kinder essen und wie sie ihre Freizeit gestalten, wird von ihrem Umfeld geprägt.

*Kinder lernen neue Lebensmittel kennen*

Dazu gehören der Kindergarten oder die Schule genauso wie die Eltern. In den Familien werden aber nicht immer die Grundlagen einer gesunden Ernährung und ein gesundes Essverhalten vermittelt. Diese Rolle müssen immer mehr auch die Einrichtungen übernehmen – natürlich unter Einbeziehung der Eltern.

*Buntes, knackiges Essen spricht Kinder an*

Das Thema Ernährung lässt sich gut in den Einrichtungsalltag integrieren: Einzelne Aktionen bis hin zu einer ganzen Projektwoche sind möglich. Entscheidend sind aber nicht nur einzelne Aktionen oder Projekte, sondern die Rahmenbedingungen, die eine Einrichtung für eine gesunde Ernährung schaffen kann. Dazu gehören vor allem feste Rituale wie ein gemeinsames Frühstück.

*Kinder beim Gruppenfrühstück*

Der natürliche Umgang mit Lebensmitteln und Essen sollte für Kinder selbstverständlich sein. Manchmal ist etwas Geduld notwendig, da sich einige Kinder erst über Kompromisse an bestimmte Lebensmittel oder Essverhalten herantasten. Dabei ist es wichtig, dass die Kinder in einer entspannten Atmosphäre und ohne einen erhobenen Zeigefinger lernen können.

Damit Kinder die positiven Erfahrungen aus der Einrichtung zu Hause einbringen können, sollten die Eltern frühzeitig miteinbezogen werden. Das kann durch Elterninformationsabende über gesunde Ernährung, eine Eltern-Aktion, an der alle gemeinsam ein gesundes Büfett

herstellen und verzehren, oder Aktionen mit außenstehenden Fachkräften, z. B. von Krankenkassen oder Ernährungsfachkräfte, erfolgen. Manchmal ist es auch sinnvoll, ein Einzelgespräch mit den Eltern zu führen.

*Gemeinsames Zubereiten gesunder Lebensmittel*

Ein wichtiges Thema für die Eltern und die Einrichtung ist die **Ernährungserziehung**, die genauso zu einer gesunden Ernährung gehört wie gesunde Lebensmittel.

Kinder essen mit dem Auge: Sie mögen bunte Teller, getrennte Essenskomponenten, wie Fleisch, Gemüse, Kartoffeln, und eine schöne Tischatmosphäre. Dabei nehmen die Kinder die Erwachsenen gerne als Vorbild und ahmen ihre Einstellung zum Essen und ihre Tischsitten nach.

Feste **Tisch- und Essregeln** und regelmäßiges Essen erleichtern die Ernährungserziehung im Alltag:

- Kinder sollten die Portionsgröße selbst bestimmen dürfen, wobei sie mit einer kleinen Portion starten und lieber nachnehmen dürfen.
- Wenn sie satt sind, müssen sie ihre Teller nicht leer machen.
- Es wird von allem probiert und nicht nur die Favoriten herausgepickt.
- Essen ist eine Selbstverständlichkeit und sollte nicht als Belohnung, Strafe, Trost oder Ausdruck von Zuneigung benutzt werden, insbesondere Süßigkeiten.
- Süßigkeiten sollten in der Einrichtung nur als Ausnahme toleriert werden, z. B. an Geburtstagen.
- Aufgestellte Regeln gelten für die gesamte Einrichtung.

**Aktionen rund ums Thema Lebensmittel**

- **Sinnesparcours** anbieten, z. B. süße, bittere, salzige und saure Lebensmittel auf den verschiedenen Zungenabschnitten probieren; Tastsäckchen mit Lebensmitteln füllen, Riechsäckchen mit Kräutern testen

- **Kinder-Garten** anlegen: vom Kressetopf oder einer Kräuterspirale über Obstbäume bis zum Gemüsebeet mit gemeinsamer Ernte und anschließende Verarbeitung, z. B. Einkochen, Kräuter- oder Obstquark herstellen, Suppe kochen

- Regelmäßige **Koch- oder Backaktionen** mit den Kindern, z. B. Joghurt herstellen, Brot backen, inkl. Körner mahlen, aussieben, natürliche Farbstoffe für Lebensmittel überlegen und ausprobieren, Müsli mit einer Flockenquetsche selber machen

- Gemeinsames **Frühstücksbüfett** gestalten: Kinder können Karten mit einzelnen Lebensmitteln ziehen und diese am Ende der Woche mitbringen

- Gemeinsam **Ausflüge** zum regionalen Bauern, dem Milchhof, einer Mühle, einem Wochenmarkt oder lebensmittelverarbeitenden Betrieb unternehmen

## 7.2 Über- und Untergewicht bei Kindern

Kinder haben einen guten **Instinkt** für die Menge der Nahrung und den Zeitpunkt, wann sie etwas essen sollten und reagieren auf das natürliche **Sättigungsgefühl** ihres Körpers. Immer mehr Kinder verlieren jedoch das **natürliche Essverhalten**, ignorieren Hunger- und Sättigungssignale und essen bzw. trinken nur noch eine kleine Auswahl an Lebensmitteln und Getränken. Die Ursachen dafür sind vielfältig.

Eltern laufen ihren Kindern selbst auf dem Spielplatz oder in einer Spielgruppe mit Essen hinterher, aus Sorge, ihr Kind bekomme nicht genug zu essen. Durch das ständige Angebot an Essen fängt das Kind an, seine natürlichen Signale zu ignorieren und dann zu essen, wenn ihm etwas angeboten wird. Isst es dadurch zu oft und zu viel und bewegt sich zu wenig, kann es zu **Übergewicht** kommen.

Andererseits gibt es Kinder, die in ihrem Essen herumstochern und sehr dünn sind. Besorgte Eltern versuchen die Kinder mit allen Tricks davon zu überzeugen, doch die eine oder andere Gabel mehr zu essen. So lange aber das Längen- und Gewichtswachstum der Kinder normal verläuft, bekommt das Kind die Menge an Essen, die es braucht. Häufige Diskussionen oder Eingriffe in das Essverhalten der Kinder schaden eher als sie nützen. Das Essen wird dann schnell ein Machtkampf und nicht mehr die genussvolle Versorgung mit allen Nährstoffen, die es sein sollte.

### 7.2.1 Übergewicht

*Im freien Spiel steht Niklas, 4 Jahre, oft abseits von der Gruppe. Als ihn der Sozialassistent Daniel fragt, ob er nicht lieber mit den anderen spielen möchte, wehrt Niklas ab. Nach einigem Nachfragen findet Daniel heraus, dass ihn die anderen nicht mitspielen lassen wollen. Als er das in der Gruppe zur Sprache bringt, entgegnen die übrigen Kinder, dass Niklas zu langsam und einfach zu dick für die Spiele wäre.*

#### Aufgaben

1. Versetzen Sie sich in die Lage des Sozialassistenten. Wie würden Sie reagieren?
2. Entwerfen Sie Lösungsvorschläge, wie Niklas mehr in die Gruppe integriert werden kann.

Kinder sind immer stärker von **Übergewicht** und seinen Folgen betroffen (→ S. 87). Auf der einen Seite bewegen sie sich weniger, weil sie mehr vor dem Computer oder Fernseher sitzen. Andererseits ernähren sie sich übermäßig und meist nicht ausgewogen. Der Trend zu Softdrinks, Fast Food und Fertigprodukten nimmt kontinuierlich zu. Daher ist die Ernährung oft zu fett und zu süß. Kinder erfahren zunehmend eine Entfremdung von Nahrungsmitteln, deren Verarbeitung zu Speisen sowie einen Verlust an Sinn für Geschmack und Qualität.

Dabei nagt das Übergewicht auch am Selbstwertgefühl der Kinder. Sie werden von anderen als faul, schlapp und undiszipliniert eingeschätzt und ausgegrenzt. Sie können bei Sport und Spiel nicht so gut mithalten, z. B. beim Rennen, Springen, Klettern, und ziehen sich irgendwann zurück. Übergewichtige werden für älter gehalten und überfordert; die Pubertät setzt früher ein.

Es ist keine einfache Situation und kann zu ernsthaften Problemen im sozialen und psychologischen Bereich führen. Auch wenn die Pfunde in der Pubertät verloren gehen, bleibt der Kampf mit dem „angeknacksten" Selbstwertgefühl, dem eigenen Essverhalten und den frü-

heren Gewichtsproblemen ein Leben lang. Es ist daher entscheidend, diese Kinder frühzeitig und gezielt zu fördern.

## 7.2.2 Untergewicht

Wenig und/oder nur bestimmte Lebensmittel zu essen, ist für manche Kinder eine Möglichkeit, ihre Meinung zu äußern und durchzusetzen. So können sie sich und ihr Umfeld im gewissen Maße kontrollieren. Sie haben erlebt, dass man sich daraufhin stärker mit ihnen auseinandersetzt und sei es negativ. Zudem verunsichert die strenge **Esskontrolle** mancher Erwachsener die Kinder ebenso wie Bemerkungen über **Problemzonen** oder **Übergewicht**, auch wenn der Erwachsene nur über sich selbst gesprochen hat. Als Folge davon stellen Kinder ihren eigenen Körper in Frage und reglementieren ihr Essverhalten. Sie essen immer weniger und wählen nur aus wenigen Lebensmitteln und Speisen ihr Essen aus.

Um Essstörungen vorzubeugen, die inzwischen schon im Grundschulalter auftreten können, sollen Kinder in der Einrichtung den genussvollen Umgang mit Essen erleben sowie ein **positives Körperbild** vermittelt bekommen. Kinder erleben das Essen positiv, wenn sie die Lebensmittel mit all ihren Sinnen erkunden, aktiv kleine Speisen und Getränke zubereiten können und beim gemeinsamen Essen nicht kontrolliert und reglementiert werden. Für die Vermittlung eines positiven Körperbildes ist es wichtig die Stärken der Kinder hervorzuheben.

**Übergewicht** liegt dann vor, wenn der BMI (Körpermaßindex, Body-Mass-Index) 25 kg/m² und darüber beträgt. **BMI**: Körpergewicht in kg/Quadrat der Körpergröße in m.

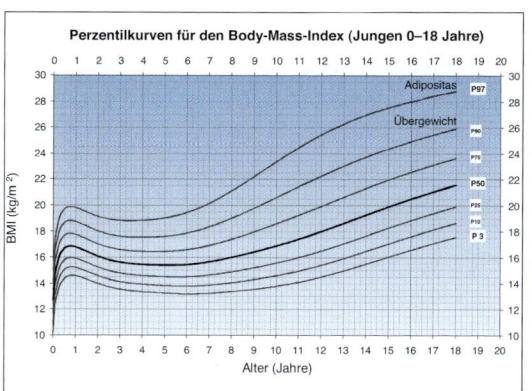

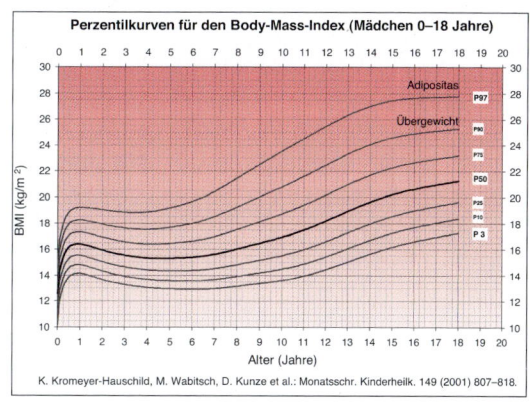

K. Kromeyer-Hauschild, M. Wabitsch, D. Kunze et al.: Monatsschr. Kinderheilk. 149 (2001) 807–818.

*Der normale BMI ist stark altersabhängig. Deshalb gibt es für Kinder bis 18 Jahren je nach Geschlecht Referenzwerte, die in Form von sogenannten Perzentilkurven dargestellt werden.*

Kleine Spiele und Sinnesschulungen helfen den Kindern ihren Körper positiv wahrzunehmen. Empfindungen und Gefühle der Kinder sind dabei wichtige Gesprächsthemen. Die Vorbildfunktion der Erwachsenen in der Einrichtung ist immens.

Nicht immer steckt eine Essstörung hinter dem Untergewicht eines Kindes, sondern es können

Ein Beispiel, wie das Thema als Projekt in einer Einrichtung aufgegriffen werden kann, zeigt das Projekt „Lebenslust – Leibeslust: Prävention von Essstörungen". Es ist im Internet verfügbar unter: http://lvgfsh.de/gesundheitsfoerderung/arbeitsschwerpunkte/servicebuero-kita-und-schule/lebenslust.php

auch **Krankheiten** die Ursache sein. Kann das Kind den Milchzucker (Laktose) oder Fruchtzucker (Fruktose) aus der Nahrung nicht verwerten, so kann es u. a. Bauchschmerzen, Durchfall oder Kopfschmerzen bekommen. Wenn es immer wieder die Erfahrung macht, dass es ihm nach dem Essen nicht gut geht, wird das Kind manchmal vermeiden etwas zu essen.

Bei der Autoimmunkrankheit **Zöliakie** reagiert der Körper auf das in der Nahrung enthaltene Gluten. Als Folge davon kann der Dünndarm so geschädigt sein, dass die Nahrung schlechter verwertet werden kann und eine Mangelernährung auftritt. Darüber hinaus gibt es noch weitere Ursachen wie Lebensmittelallergien o.ä., sodass bei einem untergewichtigen Kind immer auch der Arzt oder ein **erfahrener Ernährungstherapeut** zu Rate gezogen werden sollte.

## 7.3 Gesundes Essen

*Der Kindergarten Neue Feldstraße plant ein gemeinsames Büfett „Gesundes Frühstück". Die Kinder wünschen sich auch Cornflakes und andere Frühstückscerealien.*

### Aufgabe

Als verantwortliche Erzieherin sollen Sie entscheiden, wie das Büfett zusammengesetzt wird. Nehmen Sie die Frühstückscerealien mit auf? Begründen Sie Ihre Entscheidung und überlegen Sie sich mögliche Alternativen.

Kinder entscheiden sich nicht bewusst für oder gegen gesunde Lebensmittel, sondern suchen sie danach aus, ob sie ihre Sinne ansprechen: Gemüsestreifen, die sie mit der Hand in einen Dip tunken können, essen Kinder lieber als einen „undefinierbaren" Salat mit Dressing. Kinder sollten bei Gemüse zwischen mehreren milden Sorten wählen können. Ein anderer Trick ist das Zugeben von Gemüse in einen Auflauf oder es püriert in einer Soße zu servieren. Auch nicht so beliebte Obstsorten werden gegessen, wenn sie mit anderen auf einen Spieß gesteckt, im Milchshake püriert oder mit Quark oder Joghurt vermischt werden. Spannende Namen, kleine Geschichten oder eine ansprechende Dekoration können dabei helfen, dass auch weniger beliebte Speisen ankommen.

### 7.3.1 Wie ist eine gesunde Ernährung zusammengesetzt?

Jedes Kind ist anders, ist unterschiedlich aktiv und hat andere Ansprüche. Nicht jeden Tag wird es die gleiche Menge essen. Entscheidend ist daher nicht die punktgenaue Einhaltung der Empfehlungen für den Energiebedarf und damit verbunden der Lebensmittelmenge, sondern das Verhältnis der Lebensmittelgruppen untereinander.

Die Lebensmittelpyramide ist dabei eine gute Hilfe. Die Basis bildet der Baustein Getränke mit einer empfohlenen Menge von sechs Portionen pro Tag, gefolgt von fünf Portionen Obst und Gemüse sowie vier Portionen Getreide.

## Die aid-Ernährungspyramide

**Rot:**
*sparsam Fette und fettreiche Lebensmittel zum Genießen und Verfeinern*

**Gelb:**
*mäßig tierische Produkte (fettarm) zum maßvollen Genuss*

**Grün:**
*reichlich pflanzliche Lebensmittel und Getränke zum Sattessen und Durstlöschen*

*Die Lebensmittelpyramide*

Dazu zählt Brot, Getreideflocken und Reis ebenso wie Nudeln und Kartoffeln. Tierische Lebensmittel wie Milch und Milchprodukte haben einen wichtigen Platz in der Pyramide, sollten aber nicht öfter als zweimal am Tag gegessen werden.

Die anderen tierischen Lebensmittel werden pro Woche betrachtet: Zwei bis drei Portionen Fleisch-/waren, ein bis drei Eier und ein bis zwei Portionen Fisch pro Woche sind ausreichend. Die Spitze der Pyramide bilden die Streichfette und Öle mit zwei Portionen und Süßigkeiten, Kuchen o. Ä. mit einer Portion pro Tag. Sie werden geduldet, weil sie außer Fett und Zucker nicht viele wertvolle Nährstoffe liefern, bei den Kindern aber sehr beliebt sind.

### Was ist eine Portion?

Eine einfache Messhilfe ist die Hand: Kinderhände sind kleiner und entsprechen ihrem *kleineren* Bedarf:

- 1 Portion Beilagen, Salat oder klein geschnittenes Obst/Gemüse: zwei locker zusammengelegte Hände

- 1 Portion Obst/Gemüse: eine Handvoll

- 1 Portion Brot: Handfläche mit ausgestreckten Fingern

- 1 Portion Fleisch: Handfläche ohne Finger, Fisch etwas mehr

- 1 Portion Süßigkeiten: eine Handvoll

| Lebensmittelgruppen | Geeignete Lebensmittel | Weniger geeignete Lebensmittel | Tagesportion (4 bis 6 Jahre) | Beispiele aus der Lebensmittelgruppe |
|---|---|---|---|---|
| Getränke | Wasser, Saftschorlen, ungesüßter Früchte- oder Kräutertee | Softgetränke, wie Cola, Limonade, Fruchtnektar oder Fruchtsaftgetränk, schwarzer Tee/Kaffee, alkoholische Getränke | 4 Gläser (800 ml) | |
| Getreideprodukte, Kartoffeln | Reis, Nudeln, Getreideflocken, feine Vollkornbrote, Produkte aus Mehlen mit niedrigem Ausmahlungsgrad (hohe Typzahl), Pell-, Salzkartoffeln, frisches Kartoffelpüree, frische Klöße | Kuchen, Kekse, Pommes frites, Bratkartoffeln, Kroketten, Kartoffelpuffer, Produkte mit hoch ausgemahlenem Mehl (Typ 405) | 3 bis 4 Scheiben Brot (170 g) oder 2 große Tassen Getreideflocken, 3 kleine (130 g) Kartoffeln oder 6 Esslöffel Reis, Nudeln (gekocht) | |
| Gemüse, Hülsenfrüchte, Obst | alle Sorten möglichst frisch und saisonal | Konserven | 6 Esslöffel Gemüse oder Hülsenfrüchte (180 g), 1 bis 2 Stück Obst | |
| Milch und Milchprodukte* | fettarme Milch und Milchprodukte | fette und zuckerreiche Milchprodukte | 1 Glas (200 ml) Milch, 1 Becher (150 g) Joghurt | |
| Fleisch, Fisch, Eier | mageres Rind-, Kalb- und Geflügelfleisch (Filet, Schnitzel) | fettes, geräuchertes, gepökeltes, scharf angebratenes Fleisch, Konserven | 2- bis 3-mal pro Woche eine kleine Portion Fleisch (je 60 g), nicht täglich Wurst, mind. 1-mal pro Woche Fisch (100 g), 1 bis 3 Eier pro Woche | |
| Fette und Öle | kleine Mengen natürlicher Pflanzenöle, Butter, ungehärtete reine Pflanzenmargarine | größere Mengen Öle, Butter, normale Margarine, Schmalz, Talg | 1 EL Butter oder Margarine, 1 EL Pflanzenöl | |
| Süßigkeiten | frisches Obst oder Trockenfrüchte, Salzstangen, Vollkorngrissini | Schokolade, Eis, Kekse, Gummibärchen, Nuss-Nougat-Creme, Bonbons | beispielsweise: 1 Kugel Eis oder eine kleine Handvoll Gummibärchen oder 1 Riegel Schokolade (30 g) oder 2 Butterkekse und 1 TL Nuss-Nougat-Creme | |
| Zubereitungsarten | Kochen, Dünsten, Dämpfen, Garen in Folie, im Tontopf, in der beschichteten Pfanne, im Backofen | starkes Anbraten, Rösten, Frittieren, Panieren | | |

\* Der Calciumgehalt ist immer gleich unabhängig vom Fettgehalt, der Art des Produkts und des Frhitzungsgrades: Quark und Joghurt enthalten die gleiche Menge an Calcium wie Trinkmilch oder H-Milch.

*Tabelle 7.1 Lebensmittelauswahl*

Mit dieser ausgewogenen Mischkost werden Kinder und auch Jugendliche gut mit allen notwendigen Nährstoffen versorgt. Spezielle **Kinderlebensmittel**, die mit Vitaminen und Mineralstoffen angereichert wurden, sind nicht notwendig. Je weniger die Lebensmittel verarbeitet sind, desto weniger können Zucker oder andere ungünstige Zutaten beigefügt werden. Aufschluss über die Qualität der Lebensmittel gibt die **Zutatenliste**: Am Anfang stehen die Zutaten, die mengenmäßig am stärksten im Lebensmittel enthalten sind. Steht Zucker in seinen unterschiedlichen Formen (alle Zutaten mit der Endung -ose, wie Sacherose (Haushaltszucker), Maltodextrin, Sirup wie Glucose-Fructosesirup) am Anfang, ist das Lebensmittel als Süßigkeit zu betrachten. Zudem bietet die Zutatenliste eine bedeutsame Informationsquelle und damit Entscheidungshilfe für Allergiker. Generell gilt, dass Lebensmittel mit einer möglichst kurzen Zutatenliste zu bevorzugen sind.

### Tipps für die Zubereitung

- Beim Garen können Nährstoffe verloren gehen, daher schonend garen (Dünsten) oder Gemüse und Obst als Rohkost essen.
- Sorten bevorzugen, die gerade Saison haben. Alternative: Tiefkühlprodukte ohne Zusätze.
- Alle Lebensmittel möglichst frisch verwerten, nur für kurze Zeit und dunkel lagern.
- Gemüse und Obst erst sorgfältig waschen, dann schneiden.

Die Tabelle 7.1 zeigt, wie die Lebensmittelauswahl konkret aussehen sollte.

## 7.3.2 Wie sollen die Lebensmittel auf die Mahlzeiten verteilt sein?

Kinder haben geringere Speichermöglichkeiten für Energie, Nährstoffe und Flüssigkeiten und müssen sie daher mehrmals am Tag „auffüllen", um leistungsfähig zu bleiben. Fünf Mahlzeiten am Tag, davon zwei kalte Zwischenmahlzeiten, kommen diesen Ansprüchen entgegen.

In ihrer Zusammensetzung ergänzen sie sich: Mag ein „Morgenmuffel" frühmorgens kein Frühstück, so sollte er das beim 2. Frühstück in der Einrichtung nachholen. Der Körper hat in der Nacht alle Speicher geleert, um zu atmen, zu verdauen, sich zu regenerieren und zu wachsen. Diese „leeren Akkus" müssen morgens aufgefüllt werden (→ S. 27).

Ein **Frühstück** in der Einrichtung kann aus einem belegten Brot, etwas Obst oder Gemüse und einem Getränk, wie Wasser, Kräuter- und Früchtetee bestehen. Manche Kinder bevorzugen Getreideflocken mit Milch und Obst. In ihren Brotdosen bringen Kinder gerne sogenannte **Kinderlebensmittel** mit, die jedoch keinesfalls den kindlichen Bedürfnissen entsprechen. Sie sind meist besonders zucker- und fettreich, enthalten viele Farb- und Aromastoffe und sind daher als Süßigkeiten einzustufen. Dazu zählen gesüßte Frühstückcerealien, Schokohörnchen, Kinderjoghurt/-frischkäse ebenso wie Milchschnitten und abgepackte Fruchtsaftgetränke.

Was beim Frühstücken zu kurz gekommen ist, kann ein Obst-/Gemüseteller oder ein belegtes Brot am Morgen oder Nachmittag ergänzen. Regelmäßige Mahlzeiten sorgen dafür, dass der Blutzuckerspiegel konstanter bleibt, damit die Kinder konzentriert und voller Energie bleiben.

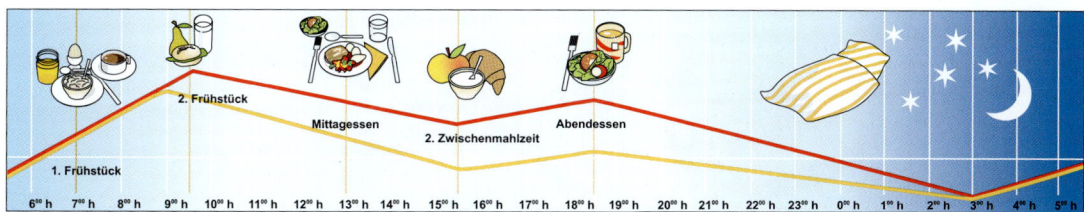

*Leistungskurve mit und ohne Zwischenmahlzeiten*

## Aktionen rund um das Frühstück

- Kinder stellen den anderen ihre Brotdose vor und erzählen, was sie daran gut finden oder was sie sich anderes wünschen.
- Ein Frühstücksbüfett bietet den Kindern neue Anregungen und die Möglichkeit, Neues zu probieren. Hier ist eine Elternbeteiligung möglich.
- Kinder können für ihre Eltern selber ein Frühstücksbüfett machen und ihnen dabei erklären, warum und wie sie es zubereiten.

- Ausstellung zu Kinderlebensmitteln mit genau dargestelltem Zucker- und Fettgehalt, in Form von Würfelzucker und Butterpäckchen, für Eltern und Kinder (Entwicklung durch Kinder möglich).
- Ein selbst entwickeltes Gruppen-Mix-Getränk fördert das Verständnis für die einzelnen Saftarten. Hierbei deren Qualität besprechen und mit Würfelzucker den Zuckergehalt darstellen. Die Zutaten können auch in Form eines Ratespiels erraten werden.

**Mittags** essen die Kinder meist eine warme Mahlzeit, deren Grundlage Kartoffeln, Nudeln oder Reis ist. Ergänzt wird sie durch eine große Portion Gemüse, Hülsenfrüchte oder Rohkost. Fleischportionen fallen dagegen kleiner aus, während die wöchentliche Fischbeilage größer sein kann.

Die zweite kalte Hauptmahlzeit folgt meist am **Abend** und ist ebenfalls aus Brot oder Getreideflocken, Milch oder Milchprodukten, Obst oder Gemüserohkost zusammengesetzt.

Kinder löschen in der Einrichtung am besten ihren Durst mit **Wasser**, wie Mineral- oder Trinkwasser, und **Kräuter- oder Früchtetees**. Saftschorlen enthalten Fruchtzucker und -säure, was Übergewicht und Karies fördern kann. Das Gleiche gilt für verpackte Erfrischungsgetränke, die zudem viele Farb- und Aromastoffe enthalten. Kein Getränk, aber eine schöne Abwechslung können selbstgemachte Smoothies aus frischem Obst und Gemüse oder Milch mit frischem Obst sein, die die Kinder mixen. Gekaufte Produkte sind dagegen meist zuckerreich.

| Mahlzeit | Beispiele |
|---|---|
| Hauptmahlzeiten |  <br>*Kalte Hauptmahlzeiten*      *Warme Hauptmahlzeit* |
| Zwischenmahlzeiten |   |

*Tabelle 7.2 Verteilung der Lebensmittel auf die Haupt- und Zwischenmahlzeiten*

## Aufgaben

1. Beurteilen Sie folgende Aussage: „Kinder wählen keine Speisen, weil sie sie mögen, sondern sie mögen eine Speise, weil sie sie essen." (Pudel, 2002). Diskutieren Sie dies in der Klasse.

2. Entwickeln Sie in Grundzügen einen beispielhaften Tagesplan für ein 5-jähriges Kind. Nennen Sie dabei die entscheidenden Lebensmittelgruppen.

3. Beschreiben Sie die Lebensmittelpyramide und ihre wesentlichen Aussagen.

4. Gehen Sie in einen Supermarkt und sammeln Sie Beispiele für spezielle Kinderlebensmittel. Vergleichen Sie die Werbeaussage mit dem tatsächlichen Inhalt und bewerten Sie das Produkt. Suchen Sie günstigere Alternativen hinsichtlich Gesundheitswert, Preis, Verpackung.

5. Sammeln Sie im Klassenverbund auf einer Plakatwand Vorschläge, wie Sie das Thema Ernährung in Ihrer Einrichtung aufnehmen könnten. Welche konkreten Maßnahmen sind für Ihre Einrichtung sinnvoll? Diskutieren Sie die Vorschläge mit der Einrichtungsleitung.

6. Überprüfen Sie, wie die Qualität der Speisepläne, eigene Herstellung oder Lieferung, in Ihrer Einrichtung ist. Anhaltspunkte bietet die „Bremer Checkliste", die das Bremer Institut für Präventionsforschung und Sozialmedizin (BIPS) entwickelt hat (www.bips.uni-bremen.de).

### Ein gesundes Frühstück planen

Stellen Sie ein gemeinsames gesundes Frühstück für 20 Kinder zusammen.

a) Entwickeln Sie einen konkreten Einkaufszettel mit den dazugehörigen Kosten. Stellen Sie die Kosten für konventionell produzierte Lebensmittel denen eines biologischen Anbaus gegenüber.

b) Für welche Einkaufsmöglichkeit, Supermarkt, Wochenmarkt, Naturkostladen etc., entscheiden Sie sich? Begründen Sie Ihre Wahl.

### Eine Kochaktion mit Kindern vorbereiten

Planen Sie eine gemeinsame Kochaktion mit Kindern, Backen für die Gruppe, Marmelade einkochen, Suppe kochen o. Ä. Bedenken Sie dabei

- eine sinnvolle Zusammenstellung der Gruppe nach Größe, Alter, Zusammensetzung,
- Anzahl und Art der Rezepte, z. B. Umfang, Schwierigkeitsgrad, Geschmack, in Abhängigkeit von den räumlichen Voraussetzungen, wie Art, Größe und Ausstattung der Küche, und
- den Zeitbedarf.
  a) Kalkulieren Sie die Kosten und überlegen sich, welche Möglichkeiten zur Finanzierung der Aktion es gibt.
  b) Geben Sie diesem Projekt einen Namen, listen alle Punkte auf und stellen Sie Ihren Entwurf anschließend der Klasse vor.

### Einen Lebensmittelbetrieb erkunden

Überlegen Sie sich Ziele für Ausflüge mit den Kindern. Welcher Bauernhof, Milchhof, Wochenmarkt oder lebensmittelverarbeitende Betrieb ist von Ihrer Einrichtung aus gut zu erreichen?

a) Arbeiten Sie mithilfe eines Flipcharts einen genauen Ablaufplan aus. Stellen Sie zusammen, welchen Bedarf Sie an Unterstützung, organisatorisch oder finanziell, von anderen Pädagogen oder Eltern benötigen.

b) Wie bereiten Sie mit den Kindern den Ausflug thematisch vor und nach? Listen Sie die Themen und Methoden auf und begründen Sie sie.

## 8.1 Der verantwortungsvolle Umgang mit Krankheit

*Im Kindergarten Bergstraße gab es im vergangenen Winter eine Grippewelle, die dazu führte, dass der Kindergarten 2 Wochen komplett schließen musste. Alle Mitarbeiterinnen und viele Kinder waren schwer erkrankt. Pia, die Sozialassistentin, hat deshalb die Idee, im kommenden Herbst mit den Kindern ihrer Gruppe ein Projekt zum Thema „Krankheit - Arzt - Krankenhaus" durchzuführen.*

### Aufgaben

1. Überlegen Sie sich Themenschwerpunkte zum oben genannten Projekt, die für Kindergartenkinder interessant sind und mit ihnen besprochen werden können.

2. Welche praktischen Aktivitäten könnten in diesem Projekt umgesetzt werden? Notieren Sie Ihre Vorschläge.

Ein neugeborener Säugling kommt gut gerüstet mit Abwehrstoffen (Antikörpern) gegen Krankheiten zur Welt. Wird er anschließend gestillt, erhält er wertvolle Stoffe aus der Muttermilch, die ihn vor Erkrankungen schützen. Ein Baby ist deshalb in den ersten 6 bis 9 Lebensmonaten nur selten krank. Sind die Abwehrstoffe des Kindes aufgebraucht, muss sein eigenes **Immunsystem** aktiv werden. Das Immunsystem kann sich allerdings nur bilden und stärken, indem es mit Krankheitserregern Kontakt hat und gegen diese selbst Antikörper bildet (Immunisierung → S. 91).

 Da das Immunsystem erst „trainiert" werden muss, sind Kinder häufiger krank als Erwachsene:
Ein Kind im Kindergartenalter macht ca. 12 Infekte pro Jahr durch. Im Schulkindalter sind es ca. 6 bis 8 Infekte und ein Jugendlicher hat in der Regel noch 5 Infekte pro Jahr.

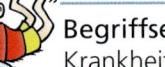 **Begriffserklärung:**
Krankheitserreger = Mikroorganismen, die auch pathogene (krank machende) Keime genannt werden.
Dazu gehören Bakterien, Viren und Pilze.

Kranksein wird von den meisten Menschen als unangenehm empfunden. Krankheiten haben aber für den Entwicklungsprozess eine wesentliche und oft sogar positive Bedeutung. Nach einer überstandenen Erkrankung ist bei Kindern nicht selten sowohl eine körperliche als auch eine seelische Reifung zu beobachten. Sie können in vielen Fällen danach mehr oder deutlicher sprechen, sich sicherer bewegen oder wirken älter.
Krankheiten sind oft auch Zeichen für seelische Konflikte. Häufiger Streit in der Familie oder Leistungsdruck durch Schule und Eltern rufen nicht selten Bauch- oder Kopfschmerzen sowie Durchfall hervor.

Krankheiten haben viele Ursachen und Symptome. Es ist deshalb unbedingt notwendig, mit ihnen umsichtig umzugehen und bei Unsicherheiten zügig einen Arzt aufzusuchen. Vor allem Kinder sollten in der Zeit der Erkrankung mit viel Einfühlungsvermögen beobachtet und begleitet werden. Häufig hilft eine gute Portion an Zuwendung und Nähe mehr als jedes Medikament.

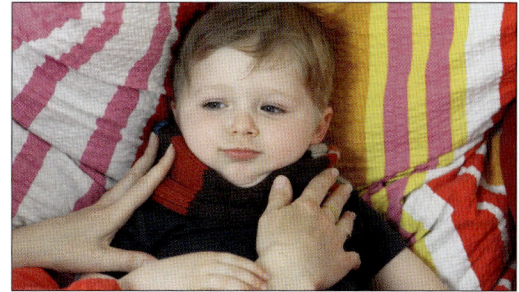

*Ein krankes Kind*

- **Säuglinge** können aufgrund des unreifen Immunsystems schnell schwer erkranken. Jeder Säugling ist dem Arzt vorzustellen, wenn er besonders müde oder apathisch wirkt oder sich generell anders als sonst verhält.
- Wenn Säuglinge unter sechs Monaten Fieber haben.
- Wenn Säuglinge ein bis zwei Mahlzeiten lang trotz Wecken nicht trinken wollen.
- Wenn ein **Kleinkind** abwesend und betont lustlos wirkt.

- Wenn Fieber ohne weitere Anzeichen länger als zwei Tage anhält.
- Wenn die Krankheitszeichen sich trotz pflegender Maßnahmen stark verschlimmern.
- Wenn das Kind keine Flüssigkeit aufnimmt oder diese beispielsweise durch Erbrechen oder Durchfall immer wieder verliert.
- Wenn sich die betreuende Person bei der Versorgung des kranken Kindes unsicher oder überfordert fühlt.

*Tabelle 8.1  Wann sollte ein Kind dem Kinderarzt vorgestellt werden?*

## 8.2  Das Kind beim Kinderarzt und im Krankenhaus

*Alice arbeitet in einem Kinderheim. Heute soll sie die 4 Jahre alte Anna zum Kinderarzt begleiten, da sie plötzlich an sehr hohem Fieber und starken Halsschmerzen erkrankt ist. Da Anna beim letzten Arztbesuch das Impfen als unangenehm empfunden hat, hat sie heute große Angst davor, wieder dort hinzugehen.*

### Aufgabe

Überlegen Sie, wie Alice das kranke Mädchen auf den Kinderarztbesuch vorbereiten kann.

Neben den regelmäßigen Untersuchungen beim Kinderarzt zur Vorsorge oder im Krankheitsfall ist manchmal die Einweisung ins Krankenhaus durch den Arzt oder im Notfall nicht zu vermeiden. Ein Arztbesuch oder ein Krankenhausaufenthalt ist in vielen Fällen für Kinder eine angsterregende und unheimliche Situation. Es ist wichtig, diese Ängste ernst zu nehmen und das Kind behutsam auf die neue Situation vorzubereiten.

**Erklären ist wichtig.**
Ist das Kind auch noch so klein, die betreuende Person oder der Arzt sollte ihm die Untersuchungsschritte möglichst genau erklären. Auch wenn das Kind nicht jedes Wort versteht, fühlt es sich ernst genommen und hat Vertrauen.

**Tipps, die dem Kind den Arzt- oder Krankenhausbesuch erleichtern:**

- Mitteilen, warum das Kind zum Arzt muss.
- Erklären, dass der Arzt ihm helfen möchte, wieder gesund zu werden.
- Fragen, die das Kind hat, offen und ehrlich beantworten. Das schafft Vertrauen zur Bezugsperson.
- Das Lieblingsstofftier zur Untersuchung mitnehmen und es während der Untersuchung auf dem Schoß sitzen lassen. Dies gibt dem Kind Sicherheit.
- Die Dinge, die es selbst erledigen kann, auch beim Arzt selbst machen lassen, z. B. ausziehen.
- Ihm zeigen, wie es helfen kann, z. B. still sitzen.
- Verständnis haben, wenn das Kind während der Untersuchung außergewöhnlich heftig reagiert, z. B. panisch schreit.
- Nach der Untersuchung tut Trost dem Kind gut, wenn es diesen nötig hat.
- Eine Belohnung für besonderen Mut und Tapferkeit zu versprechen, ist nicht ratsam, denn das Kind ist enttäuscht und unsicher, wenn es eben doch nicht so mutig wie geplant war.
- Bei sehr kleinen Kindern mit einem Doktorkoffer die Untersuchung vorher einmal durchspielen, z. B. an einer Puppe als Patient.

Die Mitnahme von persönlichen Dingen des Kindes, z. B. Kuscheltier, Lieblingsschlafanzug oder Fotos, ist bei einer Krankenhauseinweisung besonders wichtig. Die Anwesenheit persönlicher Dinge schafft beim Kind Vertrauen und lässt die sterile Umgebung etwas freundlicher erscheinen. Muss ein Kind ins Krankenhaus, wird heute in der Regel auch die Bezugsperson mit aufgenommen, die Tag und Nacht beim Kind im Zimmer bleiben kann.

## 8.3 Die Pflege und Versorgung eines kranken Kindes

Kinder, die eine ansteckende Krankheit haben, dürfen eine Gemeinschaftseinrichtung nicht besuchen (→ S. 93, Infektionsschutzgesetz), deshalb findet in der Regel die Versorgung des kranken Kindes zu Hause statt. Die folgenden Maßnahmen zur Selbsthilfe lassen sich sowohl zu Hause, als auch in einer Einrichtung für Kinder umsetzen.

### 8.3.1 Die Betreuung des kranken Kindes

**Braucht ein krankes Kind Bettruhe?**
Kinder haben einen besseren Schutzmechanismus vor Überanstrengung als Erwachsene. In der Regel legen sich Kinder von selbst hin oder gehen früher ins Bett, wenn sie sich krank fühlen. Sie sparen Energie, die sie im Moment der Krankheit für ihre körpereigene Abwehr benötigen.

Ist ein Kind krank, muss es nicht die ganze Zeit im Bett liegen. Es ist gut, wenn es zwischendurch immer wieder Interesse am Spielzeug hat und aufstehen kann. Fühlt es sich müde, sollte es sich wieder hinlegen können. Der Ruheplatz kann dort eingerichtet werden, wo sich das Kind am wohlsten fühlt, z. B. im Wohnzimmer in der Nähe der Eltern.

### Beschäftigung im Bett

Das Kind kann viele hässliche Krankheitserreger auf ein Blatt Papier malen – so wie es sich diese vorstellt. Jeden Tag oder jedes Mal, wenn es eine Medizin eingenommen hat, schneidet es einige dieser Erreger aus und legt sie in eine Schachtel, z. B. Streichholzschachtel. Die bösen Erreger werden so aus dem Körper entfernt. Nach der überstandenen Krankheit wird die Schachtel in den Müll geworfen oder irgendwo vergraben.

- Eine ruhige und angenehme Umgebung.
- Häufig frische Luft, durch gutes Lüften.
- Nicht zu viel Wärme, ca. 18 °C Raumtemperatur genügen.
- Frische Bettwäsche und Schlafanzug, wenn das Kind stark geschwitzt hat.
- Zumindest morgens und abends eine „Katzenwäsche" an Händen, Gesicht und Füßen. Zähneputzen, falls möglich.

- Säuglinge können nach Bedarf gestillt werden.
- Ältere Babys und Kleinkinder erhalten viel ungesüßte Flüssigkeit, z. B. dünne Saftschorle, Wasser, Tee.
- Essen je nach Appetit, aber nur in kleinen Portionen.
- Kranke Kinder mögen gerne Äpfel, Bananen, Früchtequark, Kartoffelbrei oder eine Fleisch- oder Gemüsebrühe.
- Auf sehr fette, stark gewürzte oder sehr süße Lebensmittel sollte verzichtet werden, ebenfalls auf ein Übermaß an Süßigkeiten.

*Tabelle 8.2 Die Versorgung eines kranken Kindes*

## 8.3.2 Möglichkeiten der Selbsthilfe bei häufigen Krankheitsanzeichen

Wenn sich bei Kindern eine Krankheit ankündigt, bemerkt man dies in der Regel bereits durch **Verhaltensänderungen**.

Viele Kinder sind in dieser Phase
- weinerlich,
- müde und abgeschlagen,
- blass,
- besonders anhänglich,
- appetitlos.

Treten diese Anzeichen auf, sollte das Kind sich ausruhen können und von der betreuenden Person weiter gut beobachtet werden.

Die meisten Erkrankungen im Kindesalter treten gemeinsam mit **unspezifischen**, also allgemeinen **Krankheitsanzeichen** auf, z. B:

- Fieber,
- Hals- oder Ohrenschmerzen,
- Übelkeit, Erbrechen, Durchfall,
- Schnupfen und Husten.

Diese Krankheitsanzeichen sind aber auch als eigenständige Erkrankungen bekannt.

Davon abzugrenzen sind die **spezifischen**, also eindeutigen **Krankheitsanzeichen**, die jeweils auf eine ganz bestimmte Krankheit hindeuten, z. B. bläschenartiger Hautausschlag am Körper wie bei den Windpocken.
Zusätzlich zum Arztbesuch und dessen Verordnungen sowie in leichten Krankheitsfällen können dem Kind einige einfach durchzuführende **Selbsthilfemaßnahmen** Linderung verschaffen.

## Selbsthilfe bei Fieber

Fieber ist keine eigene Erkrankung sondern eine **Abwehrreaktion** des menschlichen Körpers. Krankheitserreger mögen hohe Körpertemperaturen nicht. Sie können sich in diesem Fall nicht vermehren und sterben ab.
Die Krankheit ist besiegt.
Sind Herz und Kreislauf des Kindes gesund und ist es klar bei Bewusstsein und guter Dinge, kann ein Fieber in Höhe von 39,0 °C durchaus ohne fiebersenkende Medikamente zugelassen werden.

> Selbsthilfe hat ihre Grenzen! Verschlechtert sich der Allgemeinzustand des Kindes oder tritt nach spätestens 2 Tagen keine Besserung ein, ist auf jeden Fall erneut der Rat des Arztes einzuholen.

> Bereits ab 38 °C treten bei manchen Kindern Fieberkrämpfe auf. Ein Kind mit Fieber sollte deshalb immer gut beobachtet werden. Fieberkrämpfe sehen zwar gefährlich aus, sind aber in der Regel harmlos und ohne Folgen für das Kind. Danach sollte umgehend ein Arzt aufgesucht werden, der weitere Ursachen abklärt.

Bei älteren Kindern kann die Temperatur auch unter der Achsel oder unter der Zunge gemessen werden. Beim Messen unter dem Arm ist darauf zu achten, dass das Thermometer mit dem Arm fest eingeklemmt wird und die Spitze in der Achselhöhle ruht. Diese Art der Messung dauert etwas länger als eine rektale Messung.

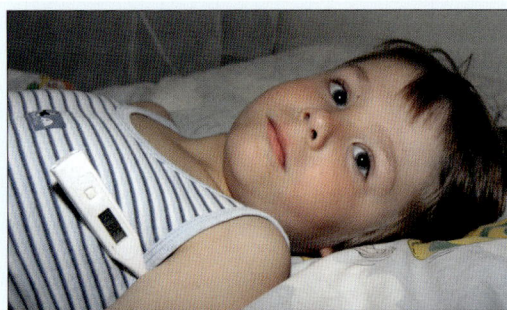

*Fiebermessen bei Kindern*

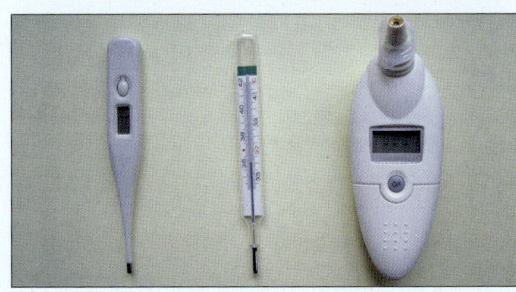

*Verschiedene Thermometer*

Zum Messen der Körpertemperatur gibt es auch Ohrthermometer. Diese sind zwar praktisch in der Handhabung, aber leider häufig sehr ungenau. Bestehen Unsicherheiten sollte, mit einem anderen Thermometer nachgemessen werden.

## So wird am besten gemessen:

Bei Kindern bis sechs Jahren kann die Temperatur am genauesten rektal, also im After, bestimmt werden. Dazu die Spitze des Thermometers mit etwas Vaseline oder Babycreme bestreichen und vorsichtig in den After einführen. Dabei liegt das Kind auf dem Rücken, die Beine werden hochgehalten. Ein Digitalthermometer misst schneller als ein Glasthermometer.
Die Beschreibung des Thermometers muss beachtet werden.

> **Wann hat ein Kind Fieber?**
> - 36,5 °C bis 37,2 °C = normale Körpertemperatur
> - 37,5 °C bis 38,0 °C = erhöhte Temperatur
> - 38,0 °C bis 39,5 °C = Fieber
> - ab 39,5 °C = hohes Fieber

### Tipps für die Selbsthilfe

- Ein fieberndes Kind benötigt unbedingt ausreichend Flüssigkeit. Es sollte deshalb viel trinken.
- Fiebernden Kindern nur eine dünne Decke zum Zudecken geben und sie in einem kühlen Raum mit max. 16 °C schlafen lassen.
- Fieberzäpfchen nur nach ärztlicher Empfehlung verabreichen.
- Zur Senkung des Fiebers eignen sich besonders gut Wadenwickel oder Pulswickel, allerdings nicht in der Zeit des Fieberanstiegs.

**Waden-** und **Pulswickel** sind wirkungsvolle Hausmittel. Richtig angewendet senken sie das Fieber und stärken den Kreislauf. Das Wasser dafür sollte aber nur maximal 2 bis 5 °C unter der Körpertemperatur des Kindes liegen, da die Wickel dem Kind sonst unangenehm sind.

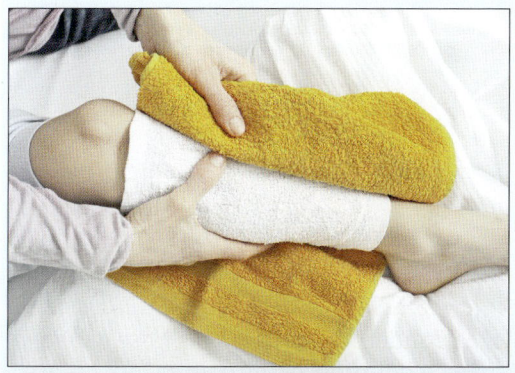

Waden- und Pulswickel

### Selbsthilfe bei Schmerzen

Hat ein Kind starke Schmerzen im Hals oder Ohr und evtl. noch zusätzlich Fieber, sollte es immer dem Kinderarzt vorgestellt werden. Halsschmerzen können z. B. auf eine Mandelentzündung hindeuten, Ohrenschmerzen auf eine Mittelohrentzündung. Beide Erkrankungen können unbehandelt sehr schlimm und schmerzhaft für das Kind verlaufen.

Auch **Kopfschmerzen** sind bei Kindern nicht so selten wie oft angenommen und sollten untersucht werden, vor allem, wenn sie gemeinsam mit Fieber und/oder Übelkeit und Erbrechen auftreten.

### Ohrenschmerzen lindern:

1. In der Regel ist bei Ohrenschmerzen Wärme wohltuend.
   - Das Kind kann z. B. mit dem Ohr auf eine in ein Handtuch eingewickelte Wärmflasche oder ein warmes Kirschkernsäckchen gelegt werden.
   - Auf das kranke Ohr ein warmes Zwiebelsäckchen auflegen.
   - Bei Infektionen der oberen Luftwege wirkt auch ein ansteigendes Fußbad.
2. Abschwellende Nasentropfen oder Sprays sind in manchen Fällen sinnvoll. Sie lassen die Schleimhäute abschwellen, das Ohr wird wieder besser belüftet. Diese Maßnahme sowie die Art des Medikamentes sollte mit dem Arzt abgesprochen werden.
3. Die Gabe von Schmerzmitteln ist bei sehr starken Schmerzen sinnvoll. Dies sollte aber in jedem Fall mit dem Arzt abgesprochen werden.

 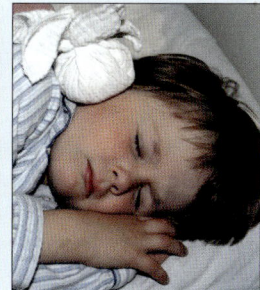

*Die Zwiebel enthält ätherische Öle, die keimhemmend wirken und Ohrenschmerzen besonders gut lindern.*

## Halsschmerzen lindern:

- Es empfiehlt sich ein kalter feuchter Halswickel, z. B. ein Quarkwickel, der die Schluckbeschwerden mindert. Der Quark sollte bei Kindern zimmerwarm sein.
- Friert das Kind und wird Wärme als angenehmer empfunden, ist ein warmer Halswickel, z. B. als Zitronenwickel, sinnvoll. Er fördert die Durchblutung und damit die Aktivität gesundheitsfördernder Vorgänge.
- Schmerzlindernd und desinfizierend wirken Flüssigkeiten zum Gurgeln, z. B. Salbeitee oder Salzwasser mit einem halben Teelöffel Salz auf einen halben Liter Wasser.

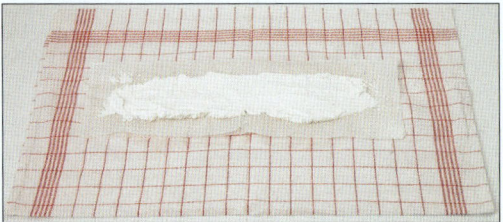

*Quark als Wickelauflage wirkt lindernd bei Entzündungen, z. B. bei Halsschmerzen, oder als Brustwickel bei Bronchitis.*

*Für den Zitronenwickel wird eine Zitrone in Scheiben geschnitten oder ihr Saft mit heißem Wasser vermischt.*

Kleine Kinder bis drei Jahre nehmen ihren Körper nur als Ganzes wahr und können Schmerz noch nicht genau differenzieren. Im Schmerzfall sprechen sie häufig von Bauchweh, obwohl z. B. das Ohr weh tut. Die meisten Kinder fassen aber unbewusst häufig mit der Hand an die eigentliche Stelle des Schmerzes. Eine genaue Beobachtung ist wichtig!

Schmerzen können als Dauerschmerz oder in einzelnen Schüben auftreten. Sie sind immer ein Zeichen für eine Erkrankung oder Unstimmigkeit und damit ein Signal des Körpers, stärker auf die eigene Gesundheit zu achten (Salutogenese → S. 3).

### Selbsthilfe bei Erkältungskrankheiten

Zu den Erkältungskrankheiten gehören **Schnupfen** und **Husten**, häufig in Begleitung von Halsschmerzen. Der **Schnupfen** ist zwar lästig, aber in der Summe harmlos, solange das Schnupfensekret hell bis weißlich und das Kind sonst wohlauf und fieberfrei ist. Bei Säuglingen unter einem Jahr hingegen ist Schnupfen immer ernst zu nehmen, da das Baby durch die angeschwollenen Nasenschleimhäute schlecht atmen kann und weniger Sauerstoff erhält. Zudem kann sich die Entzündung der Atemwege auf die Bronchien oder das Mittelohr ausbreiten.

Kindern läuft häufig die Nase. Grünes Schnupfensekret deutet jedoch auf eine stärkere Infektion hin. Das Kind sollte beobachtet und evtl. dem Arzt vorgestellt werden.

Beschränkt sich der Schnupfen nicht mehr nur auf die Nasenschleimhaut, sondern „rutscht er tiefer" und betrifft auch die Luftröhre bzw. die Bronchien, stellt sich häufig ein mehr oder weniger schmerzhafter **Husten** ein. Das sollte Anlass geben, den Arzt aufzusuchen, um z. B. eine drohende Lungenentzündung oder Bronchitis rechtzeitig erkennen und behandeln zu können.

## Schnupfen lindern:

- Kindern mit Schnupfen regelmäßig die Nase putzen. Der Schleim verstopft die angeschwollenen Atemwege und dient als idealer Nährboden für pathogene Keime.

- Als Getränke eignen sich heißer Tee mit Zitrone oder Erkältungstees aus der Apotheke, z. B. mit Holunder, Thymian und Lindenblüten. Kleinen Kindern wird der Tee lauwarm gegeben. Die Zitrone erst später dazugeben, damit das Vitamin C durch die Hitze nicht zerstört wird. Ältere Kinder mögen gerne ein Glas frisch gepressten Orangensaft, der sehr Vitamin-C-reich ist.

- Bei einer verstopften Nase bringt regelmäßiges Inhalieren Linderung, z. B. mit einem Zusatz aus Kamillenblüten oder Kräutern, ebenso das Aufhängen eines Säckchens mit einer klein geschnittenen Zwiebel am Bett.

- Verschnupfte Kinder benötigen frische Luft. Sofern sie fieberfrei sind, können sie warm angezogen regelmäßig nach draußen gehen.

- Regelmäßiges Lüften des Raumes nicht vergessen, damit die Luft feucht bleibt und die Schleimhäute nicht austrocknen. Eine Schale mit Wasser auf der Heizung oder feuchte Handtücher erhöhen die Luftfeuchtigkeit im Raum.

- Abschwellende Medikamente für die Nase sind in manchen Fällen sinnvoll, sollten aber vom Arzt verordnet sein.

- Für Säuglinge und Kleinkinder lassen sich unbedenkliche Nasentropfen selbst herstellen. Auf 0,5 Liter Wasser wird ein gestrichener Teelöffel Salz aufgelöst und mit einer Pipette in die Nase geträufelt. Kochsalzlösung wirkt desinfizierend und hält die Schleimhäute feucht.

*Warmer Tee mit Zitrone und Vitamin-C-reicher Obstsaft aktivieren das Immunsystem zur Abwehr von Krankheiten.*

*Inhaliert werden kann mit einem Inhalationsgerät aus der Apotheke oder mit einem Handtuch über einem dampfenden Topf.*

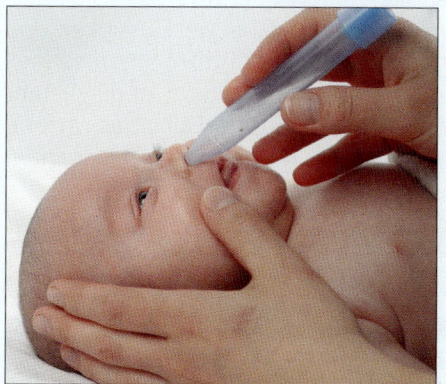

*Selbst hergestellte Kochsalzlösung kann zur Befeuchtung der Schleimhäute bei Säuglingen täglich mehrmals angewendet werden. Zur besseren Haltbarkeit ist sie im Kühlschrank aufzubewahren.*

### Tipp!

Schnupfen und Husten gehören zu den positiven Schutzfunktionen unseres Körpers. Zu viel Schleim und unerwünschte Keime können durch das Abhusten gelöst und aus dem Körper transportiert werden. Den Husten daher niemals ganz unterdrücken.

### Husten lindern:

Maßnahmen, die sich bei Schnupfen eignen, sind auch für die Linderung von Husten empfehlenswert. Zusätzlich können folgende Selbsthilfemöglichkeiten angewendet werden:

- Als Getränk regelmäßig einen Hustentee zubereiten, der in der Apotheke erhältlich ist.
- Anlegen eines kalten Brustwickels.

Alle Hausmittel sind bei Kindern mit besonderer Sorgfalt anzuwenden. Kinder reagieren auf Temperaturreize empfindlicher als Erwachsene. Es ist wichtig, dass sich das Kind bei der Anwendung der Mittel wohlfühlt.

### Selbsthilfe bei Verdauungsstörungen

Die Verdauungsstörungen **Durchfall und Erbrechen** sind für Kinder unter 2 Jahren gefährlich. Kinder verlieren dabei viel Flüssigkeit und wichtige Mineralstoffe und trocknen schnell aus. Tritt gleichzeitig Fieber auf, ist die Gefahr besonders groß. In diesem Fall ist es ratsam, umgehend einen Kinderarzt aufzusuchen.

### Durchfall

Hat ein Kind mindestens dreimal am Tag Stuhlgang, wird von Durchfall gesprochen. Die Ausscheidung hat eine breiige bis flüssige Konsistenz und riecht stark. Voll gestillte Säuglinge haben häufig mehrmals am Tag Stuhlgang auch ohne Durchfall. Eine Verdauungsstörung liegt dann vor, wenn die Ausscheidung flüssiger, grünlicher und stärker riechend wird.

**Verdauungsstörungen** treten häufig als Folge einer Magen-Darm-Infektion oder als Begleiterscheinung anderer Infektionskrankheiten auf. Sie können auch ein Hinweis auf eine Unverträglichkeit von Lebensmitteln sein.

**Blähungen** treten oft bei Säuglingen in den ersten Lebensmonaten auf, da ihr Verdauungssystem noch nicht ausgereift ist. Ursachen dafür können die ungewohnte Milchnahrung bzw. der Übergang zur Beikost sein (→ S. 53 f.).

### Durchfall und Erbrechen lindern:

- Dem kranken Kind sollte in der akuten Phase, mind. 24 Stunden, reichlich Flüssigkeit gegeben werden. Am besten eignet sich dafür Tee. Feste Nahrung belastet das Verdauungssystem häufig zu sehr (Teepause).
- Als Getränke eignen sich bei Säuglingen die nicht mehr voll gestillt werden:
  - Kamillen-, Fenchel- oder Heidelbeertee,
  - Mineralwasser oder eine leicht gesalzene, fettarme Brühe,
  - eine Elektrolytlösung aus der Apotheke oder eine selbst hergestellte Lösung (s. unten).
- Säuglinge, die noch gestillt werden, erhalten weiter Muttermilch.
- Nach der Teepause kann das Kind ein paar Tage eine Diät erhalten, z. B.:
  - geriebener Apfel, Karotten- oder Bananenbrei,
  - Zwieback, Weißbrot und Kartoffelbrei,
  - anschließend Nudeln oder Reis.
  - Milchprodukte und blähende Gemüsesorten sind vorerst zu meiden.

*Eine Elektrolytlösung kann selbst hergestellt werden.*

Tritt keine Besserung ein oder reagiert der Körper des Kindes nach der Teepause auf die festere Nahrung wieder mit Durchfall und/ oder Erbrechen, ist unbedingt ein Arzt aufzusuchen.

### 8.3.3 Die Hausapotheke

*Die Hausapotheke – eine sinnvolle Hilfe bei kleineren Unfällen im Haushalt sowie für die Selbsthilfe bei leichten Erkrankungen.*

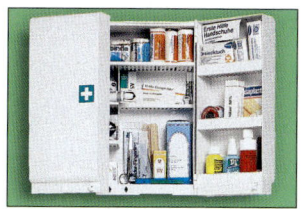

#### Das sollte eine Hausapotheke enthalten

**Verbandstoffe**
- Verbandmull
- Mullbinden
- Verbandpäckchen
- elastische Binden
- Heftpflaster
- Wundschnellverbände
- Brandwunden-Verbandpäckchen

**Arzneimittel**
- Salbe für Insektenstiche und Sonnenbrand
- Desinfektionsmittel für kleinere Verletzungen
- Arnikatinktur für Umschläge
- Schmerztabletten, Halspastillen, Grippetabletten
- Gurgelmittel
- Präparat gegen Mundschleimhautentzündung
- Mittel gegen Durchfall
- Mittel gegen Verstopfung
- Tees (Kamillentee, Pfefferminztee)

**Für Kleinkinder**
- Mittel bei Zahnungsbeschwerden
- Mittel gegen Blähungen
- Kleinkinder-Nasentropfen
- Wundheilungscreme
- Fieberzäpfchen

**Instrumente**
- Verbandschere, Sicherheitsnadel
- Splitter- und Zeckenpinzette
- Fieberthermometer, Wärmflasche oder Kirschkernsäckchen, Dreiecktuch, Augenklappe

*Tabelle 8.3 Hausapotheke*
*(in Anlehnung an: Merkblatt für die Hausapotheke, Deutscher Apotheker Verlag, Stuttgart 2004)

#### Regeln für die Einrichtung der Apotheke*

- Hausapotheke in einem kühlen, trockenen Raum aufbewahren.
- Zweimal im Jahr die gesamte Hausapotheke überprüfen, z. B. Haltbarkeit der Medikamente.
- Alle alten Schachteln und Tuben entfernen.
- Alle Sachen für den Notfall immer komplett bereithalten.
- Alle Medikamente ohne Etikett oder Gebrauchsanweisung entfernen.
- Auf jedem Arzneimittel das Einkaufsdatum vermerken.
- Haltbarkeit und Aufbewahrungshinweise beachten.
- Augentropfen sind nach Anbruch nur vier Wochen haltbar und sollten nur für jeweils eine Person verwendet werden.
- Einnahmevorschriften beachten und keine Medikamente nehmen, die jemand anderem verschrieben wurden.
- Medikamente nicht im Dunkeln einnehmen.
- Keine Putz- und Reinigungsmittel in der Hausapotheke aufbewahren, z. B. Fleckenwasser.
- Adresse und Telefonnummer von Hausarzt, Apotheke und Notarzt auf die Innenseite des Apothekerschrankes kleben.
- Bei Fragen zur Hausapotheke hilft der Apotheker weiter.

#### Aufgaben

1. Überprüfen Sie die Ausstattung der Hausapotheke in Ihrer Einrichtung. Listen Sie fehlende Bestandteile auf.
2. Überlegen Sie, wie man Medikamente vor Kindern sicher aufbewahren kann. Stellen Sie Regeln für die Sicherung der Hausapotheke auf.

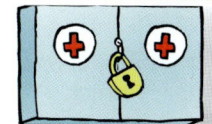

Alle Medikamente immer außerhalb der Reichweite von Kindern aufbewahren und den Schrank gut verschließen. Kinder können die bunten Tabletten und Säfte nicht von Süßigkeiten unterscheiden!

## Homöopathische Hausapotheke

Immer mehr Menschen beschäftigen sich mit der Naturheilkunde. Aus diesem Grund haben mittlerweile auch viele homöopathische Mittel oder andere Medikamente aus der Pflanzenheilkunde in der häuslichen Krankenpflege ihren festen Platz gefunden. Eines der bekanntesten Mittel im Haushalt mit kleinen Kindern ist z. B. Arnica D6.

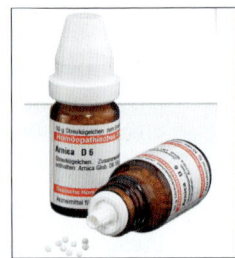

*Homöopathisches Arzneimittel*

Das Mittel fördert die schnelle Heilung bei Verstauchungen, Prellungen, Blutergüssen und Wunden aller Art.

Arzneimittel aus der Naturheilkunde sind in Form von Globuli (kleine Kügelchen), Tabletten, Tinkturen oder auch als Salben erhältlich.

> Arzneimittel aus der Naturheilkunde nur dann verwenden, wenn gute Kenntnisse zu diesen Mitteln vorhanden sind. Auch pflanzliche Medizin darf niemals bedenkenlos und in größeren Mengen eingenommen werden.
> Medikamentengaben dürfen in Einrichtungen nur auf Anweisung des Arztes und in Absprache mit den Eltern erfolgen.

## 8.4 Infektions- und Kinderkrankheiten

### Masern in Nordrhein Westfalen – Hunderte von Menschen erkrankt

*Rund 1100 Menschen sind innerhalb von zehn Wochen an Masern erkrankt. 160 von ihnen kamen aufgrund des schweren Krankheitsverlaufes in eine Klinik und einige Kinder sind sogar an der hochgefährlichen Masernenzephalitis (eine Gehirnentzündung) erkrankt. Eines dieser Kinder muss mit schwersten Spätfolgen rechnen. Ausbrechen konnte die Epidemie, weil infizierte Kinder trotz Meldepflicht und Infektionsschutzgesetz für öffentliche Einrichtungen weiter zur Schule oder in den Kindergarten gegangen sind.*

Trotz großer hygienischer Fortschritte und Vorsorgemaßnahmen erkranken weltweit jährlich Millionen Menschen an Infektionskrankheiten, die in manchen Fällen unbehandelt oder zu spät erkannt sogar zum Tod führen können.

Auch Epidemien von Krankheiten, die durch eine hohe Impfrate in Europa als fast besiegt gelten, treten immer wieder auf, wie der dargestellte Zeitungsausschnitt zeigt.

Besonders Kinder sind aufgrund ihres unreifen Immunsystems häufig von **Infektions- und Kinderkrankheiten** betroffen. Auslöser dafür sind Krankheitserreger, die sich besonders gut dort ausbreiten, wo Menschen eng miteinander in Kontakt kommen, z. B. in einer Kindergruppe, im Kindergarten oder in einem vollen Schulbus.
Krankheitserreger gelangen über **Körperöffnungen** in das Innere des Körpers. Dazu gehören

- Nase, Mund, Augen,
- Ausscheidungs- und Geschlechtsorgane und
- Verletzungen der Haut.

Versagt die körpereigene Abwehr, können sich die Krankheitserreger vermehren und die Krankheit bricht aus.
Zwischen dem Eindringen des Erregers und dem Ausbruch der Erkrankung vergeht, je nach Erkrankung, eine unterschiedlich lange Zeit, die als **Inkubationszeit** bezeichnet wird.

## Aufgabe

Beschreiben Sie mögliche Übertragungswege in einer Kindergruppe.

## Der Mensch und seine automatische Abwehr

Da den Menschen täglich Millionen von Mikroorganismen umgeben, die versuchen, in den Körper einzudringen, besitzt der Mensch eine körpereigene Abwehr. Diese Abwehr, die sich auf alle Mikroorganismen bezieht, wird auch **unspezifische Abwehr** genannt.

*Die unspezifische Abwehr des Menschen*

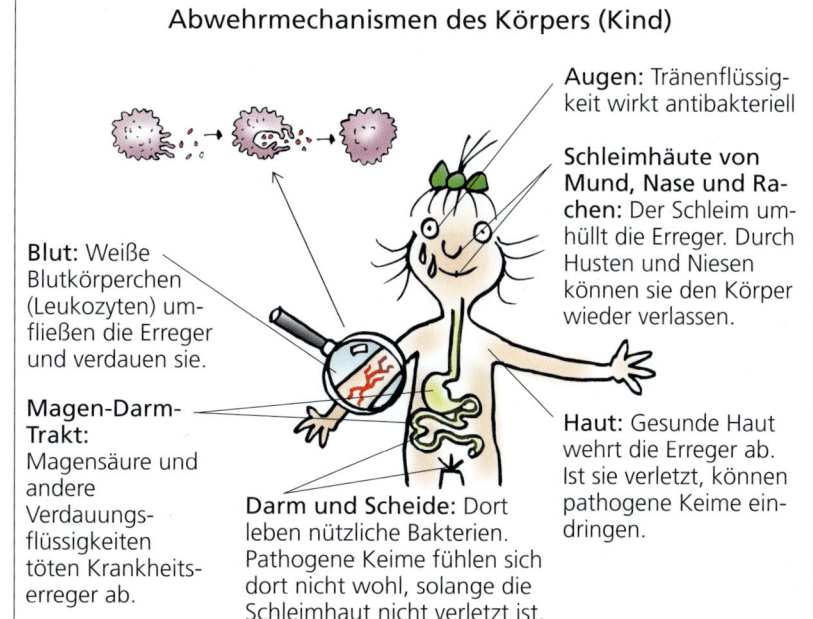

**Abwehrmechanismen des Körpers (Kind)**

**Augen:** Tränenflüssigkeit wirkt antibakteriell

**Schleimhäute von Mund, Nase und Rachen:** Der Schleim umhüllt die Erreger. Durch Husten und Niesen können sie den Körper wieder verlassen.

**Blut:** Weiße Blutkörperchen (Leukozyten) umfließen die Erreger und verdauen sie.

**Magen-Darm-Trakt:** Magensäure und andere Verdauungsflüssigkeiten töten Krankheitserreger ab.

**Darm und Scheide:** Dort leben nützliche Bakterien. Pathogene Keime fühlen sich dort nicht wohl, solange die Schleimhaut nicht verletzt ist.

**Haut:** Gesunde Haut wehrt die Erreger ab. Ist sie verletzt, können pathogene Keime eindringen.

a)

b)

c)

d)

e)

*Die spezifische Abwehr des Menschen*

Neben der unspezifischen Abwehr besitzt der Körper auch die Möglichkeit der **spezifischen Abwehr**. Dringen über die Körperöffnungen Krankheitserreger ein, die nicht abgewehrt werden können, z. B. Viren, beginnt das Immunsystem kräftig zu arbeiten. Es werden die sogenannten Antikörper gebildet, die zum Krankheitserreger passen wie ein Schlüssel zum Schloss.

Virus und Antikörper bilden eine Einheit (Komplex), der einen Botenstoff aussendet. Dieser wiederum ruft die weißen Blutkörperchen (Leukozyten) herbei, die auch Fresszellen genannt werden. Die Fresszellen umfließen den Komplex und verdauen ihn. In dieser Zeit fühlt sich der Mensch in der Regel sehr krank und er fiebert. Sind genügend Antikörper gebildet, fühlt sich der Mensch wieder gesund, die Krankheit ist besiegt.

Die einmal gebildeten Antikörper bleiben für immer im Körper. Infiziert sich der Mensch später mit dem gleichen Virus erneut, erkennen die Antikörper ihn und können ihn sofort unschädlich machen. Der Mensch erkrankt nicht noch einmal. Er besitzt jetzt eine **Immunität**. Dies ist bei den meisten Kinderkrankheiten der Fall.

### Übersicht hochansteckender Infektions- und Kinderkrankheiten

Aufgrund einer sehr hohen Impfrate in Deutschland (über 90 %) treten die in Tabelle 8.4 und 8.5 zusammengefassten Infektionskrankheiten nur noch sehr selten auf. Personen, die Kinder betreuen bzw. in Tageseinrichtungen für Kinder arbeiten, sollten dennoch die wichtigsten Anzeichen, Übertragungswege und Verläufe kennen, um schwere Erkrankungen zum Schutz der Gemeinschaft rechtzeitig erkennen zu können. Die Tabellen stellen lediglich eine kurze Zusammenfassung dar und erheben keinen Anspruch auf Vollständigkeit.

| Krankheit | Erreger/ Übertragung/ Inkubationszeit | Verlauf und Komplikationen | Schutz und Pflege |
|---|---|---|---|
| Pertussis (Keuchhusten) 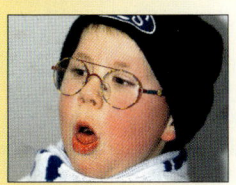 | Bakterien Tröpfchen-infektion | **Verlauf:** Erst leichter Husten, der stärker wird, dann krampfartige Hustenanfälle mit tiefer ziehender Atmung, evtl. mit Erbrechen und Schleimauswurf. Hauptphase ca. 2 bis 3 Wochen, danach noch lange leichterer Husten. **Komplikationen:** Lungen- oder Mittelohrentzündung. | **Schutz:** Impfung wird ab 2 Monate nach der Geburt empfohlen. **Pflege:** Viel frische Luft ohne Anstrengung, kleine Mahlzeiten nach den Anfällen, Kind während des akuten Schubes beruhigen und selbst ruhig atmen. |
| Masern 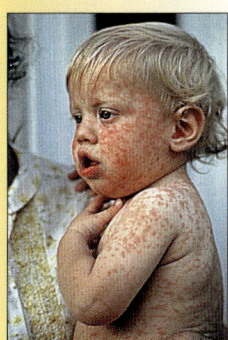 | Masernvirus Tröpfchen-infektion, Kontakt mit Erkrankten, Luft 7 bis 21 Tage | **Verlauf:** Fieber, Husten, Schnupfen, Bindehautentzündung, ab 2. Tag weiße Flecken auf der Wangenschleimhaut, ab ca. 5. Tag hohes Fieber und Hautausschlag, der hinter den Ohren beginnt und sich über den Körper ausbreitet. Nach 3 Tagen gehen Ausschlag und Fieber zurück. **Komplikationen:** Schwächung des Immunsystems, Lungen- und Mittelohrentzündung, Hirnhautentzündung. Infektion in der Frühschwangerschaft kann zu Missbildungen führen. | **Schutz:** Schutzimpfung ab vollendetem 11. Lebensmonat empfohlen. **Pflege:** Bettruhe bis zum Abklingen des Fiebers und des Ausschlages. |
| Röteln 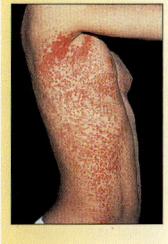 | Rötelnviren Tröpfchen-infektion 14 bis 21 Tage | **Verlauf:** Fieber, Schnupfen, Schwellung der Lymphknoten an Hals und Nacken, Hautausschlag, der sich über den gesamten Körper zieht. **Komplikationen:** Krankheit ist für Kinder relativ harmlos, kann aber in der Frühschwangerschaft zu Missbildungen des Kindes führen. | **Schutz:** Impfung ab 11. Lebensmonat, auch zum Schutz schwangerer Frauen. **Pflege:** Kaum Pflege notwendig, da sich Kinder nicht krank fühlen. |
| Mumps 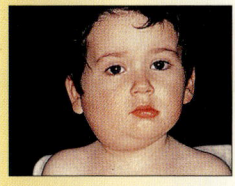 | Mumpsvirus Tröpfchen-infektion 18 bis 21 Tage | **Verlauf:** Einseitige, schmerzhafte Schwellung der Ohrspeicheldrüse, leichtes Fieber, Ohrenschmerzen und Kaubeschwerden. Es können eine oder nacheinander beide Seiten betroffen sein. **Komplikationen:** Besonders ab dem Jugendalter besteht die Gefahr einer Hoden- oder Bauchspeicheldrüsenentzündung sowie Gehirnhautentzündung. | **Schutz:** Impfung ab 11. Lebensmonat. **Pflege:** Ruhe und evtl. Schmerzstillung. Nach Empfinden des Kindes warmer Umschlag oder Wärmflasche oder kühlender Umschlag, evtl. mit Quark. Breiige Kost. |

*Tabelle 8.4 Ausgewählte Infektions- und Kinderkrankheiten →*

| Krankheit | Erreger/ Übertragung/ Inkubationszeit | Verlauf und Komplikationen | Schutz und Pflege |
|---|---|---|---|
| Scharlach | Bakterien Tröpfcheninfektion, Kontakt mit infizierten Gegenständen, z. B. Spielsachen, Kontakt mit Erkrankten 2 bis 8 Tage | **Verlauf:** Sehr hohes Fieber, starke Halsschmerzen, Kopfschmerzen, geschwollene Lymphknoten. Ab 2. Tag hellroter Ausschlag mit kleinen dichten Pünktchen, am Rumpf beginnend. Charakteristische Zunge: erst weiß belegt, anschließend himbeerrot mit Erhebungen. **Komplikationen:** Entzündungen von Mittelohr, Niere oder Gehirnhaut; rheumatisches Fieber. | **Schutz:** Aufgrund der Vielfalt der Erreger bisher keine Impfung möglich. **Pflege:** Scharlach wird i.d.R. mit Antibiotika behandelt, ansonsten alle pflegenden Maßnahmen wie sonst auch bei Fieber und Halsschmerzen. |
| Varizellen (Windpocken) | Windpockenvirus Tröpfcheninfektion, Kontakt zu Erkrankten und Bläscheninhalt, Luftzug 7 bis 21 Tage | **Verlauf:** Anfangs leichtes Fieber und Krankheitsgefühl, nach ca. 2 Tagen Hautausschlag in Form blassroter kleiner Flecken, die flüssigkeitsgefüllte Bläschen bilden. Die Bläschen heilen ab und bilden einen Schorf, der später abfällt. **Komplikationen:** treten selten auf, allerdings kann es bei verstärktem Kratzen zu Narbenbildung kommen. | **Schutz:** Impfung ab vollendetem 11. Lebensmonat. **Pflege:** Kühlende Lotion aus der Apotheke, Juckreiz linderndes Medikament vom Arzt. Säuglinge häufiger wickeln, damit Bläschen im Windelbereich leichter abheilen können. |

*Fortsetzung Tabelle 8.4 Ausgewählte Infektions- und Kinderkrankheiten*

Weiter gibt es einige schwere Infektionskrankheiten, die Kinder und Erwachsene betreffen und unbehandelt oder zu spät erkannt zum Tod oder zu schweren Spätfolgen führen können. Für diese Erkrankungen wird grundsätzlich eine Schutzimpfung empfohlen.

| | |
|---|---|
| Poliomyelitis (Kinderlähmung) | betrifft das Rückenmark und kann schwere Lähmungen sowie den Tod auslösen. |
| Haemophilus Influenza | tritt besonders bei Kindern unter fünf Jahren auf. Der Erreger löst eine eitrige Gehirnhautentzündung aus, die auch das eigentliche Gehirn und das Rückenmark betreffen kann. Die Folgen können schwere neurologische Schädigungen sowie der Tod sein. |
| Tetanus (Wundstarrkrampf) | Die Erreger gelangen über Wunden, die mit Schmutz und Erde in Kontakt kommen, z. B. bei der Gartenarbeit, in den Körper und über Nervenbahnen zum Rückenmark. Sie lösen dort Lähmungen z. B. der Atemmuskulatur aus. |
| Diphtherie | führt zur Anschwellung der Schleimhäute, der Gaumenmandeln oder des Kehlkopfes. Wird die Krankheit zu spät erkannt, führt sie zur Erstickung. |
| Tuberkulose | ist eine schwere Lungenerkrankung. Bei Säuglingen kann sie auch zur Gehirnhautentzündung führen. |
| Hepatitis A und B | sind Lebererkrankungen (Gelbsucht) die entweder über eine Schmierinfektion (A) oder Blut bzw. Speichel (B) übertragen werden können. Hepatitis B wird in ca. 10 % der Fälle chronisch und führt zu schweren Leberschädigungen. |

*Tabelle 8.5 Infektionskrankheiten mit schwerer Verlaufsform*

# 8.5 Parasitäre Erkrankungen

Die häufigste parasitäre Erkrankung in Einrichtungen mit Kindern ist der Kopflausbefall. **Kopfläuse** sind kleine, ca. 2 mm lange, flügellose, blutsaugende Insekten. Die Läuseweibchen legen täglich mehrere Eier, die in sogenannten Nissen in der Nähe der Kopfhaut abgelegt werden. Die bevorzugten Stellen am Kopf sind dabei der Nacken, die Schläfen und die Region rund um die Ohren. Nach ca. 10 Tagen schlüpfen aus den Eiern die Larven, die ca. 16 Tage auf der Kopfhaut verbringen, bis sie zu ausgewachsenen Läusen herangereift sind, die selbst wieder Eier legen können.

*Mögliche Übertragungswege von Kopfläusen*

> Jeder Mensch kann Kopfläuse bekommen, trotz guter Körperhygiene und regelmäßiger Haarwäsche! Kopfläuse haben nichts mit Unsauberkeit der betroffenen Person zu tun.

## Wie wird ein Kopflausbefall entdeckt?

- Die Kopfhaut juckt in der Regel ständig.
- Im Nacken oder auf der Kopfhaut befinden sich kleine rote Einstichstellen.
- Beim Scheiteln der Haare lassen sich am Ansatz die hellen Nissen erkennen.
- Bei einem Kopflausbefall in der näheren Umgebung oder im Bekanntenkreis sollte man sich selbst und die zu betreuenden Kinder immer wachsam untersuchen.

*Größenverhältnis von Nissen und Läusen*

Ist ein Kopflausbefall bekannt geworden, sollten alle Personen der Einrichtung schnell informiert werden und bekämpfende Maßnahmen ergreifen. Nur so kann die Ausbreitung verhindert werden.

## Wie werden Läuse übertragen?

- Kopfläuse können weder fliegen noch springen, sie werden daher in erster Linie durch Körperkontakt übertragen, z.B. beim Kuscheln oder Umarmen,
- durch gemeinsam genutzte Gegenstände, z. B. Bürsten, Mützen, Schals, Kopfkissen, Stofftiere, Puppen,
- durch das Anlehnen an Kopfstützen am Sofa, Bus oder Autositz.

**Es wurden Läuse erkannt – was ist zu tun?**

- Kindergarten, Schule und alle Kontaktpersonen informieren.
- Alle Familienmitglieder auf Läuse untersuchen und vorbeugend mitbehandeln.
- Die Behandlung des Kopfes muss mit einem speziellen Mittel, das in der Apotheke erhältlich ist, erfolgen. Die Behandlung ist nach ca. 8 bis 10 Tagen zu wiederholen, da bei der ersten Behandlung entwicklungsfähige Eier erhalten bleiben können.
- Mützen, Schals, Kopfkissen, Decken, Kuscheltiere, Leib- und Bettwäsche bei 60 °C oder mit speziellem Mittel aus der Apotheke bei 30 °C waschen bzw. für eine Woche in einem verschlossenen Plastikbeutel aufbewahren oder für einen Tag einfrieren.
- Polstermöbel, Kopfstützen usw. absaugen bzw. mit einem speziellen Mittel einsprühen.
- Nissen lassen sich am besten mit einem Nissenkamm entfernen. Die Haare vor dem Kämmen mit Essigwasser ausspülen. Die Behandlung sollte an mehreren aufeinanderfolgenden Tagen durchgeführt werden.
- Kämme und Bürsten für 10 Minuten in heißes Wasser legen und reinigen.

*Nissenkämme sind in der Apotheke erhältlich. Ihre Zinken stehen max. 0,3 mm auseinander.*

**Wann darf ein Kind wieder eine Gemeinschaftseinrichtung besuchen?**

- Ein Attest ist nur notwendig, wenn im Abstand von vier Wochen erneut ein Kopflausbefall aufgetreten ist.
- Die Kontrolle liegt bei den Eltern.
- Die Eltern sind verpflichtet, die Behandlung der Kopfläuse mit einem zugelassenen Kopflausmittel zu bestätigen.

# 8.6 Allergische Erkrankungen und Zivilisationskrankheiten

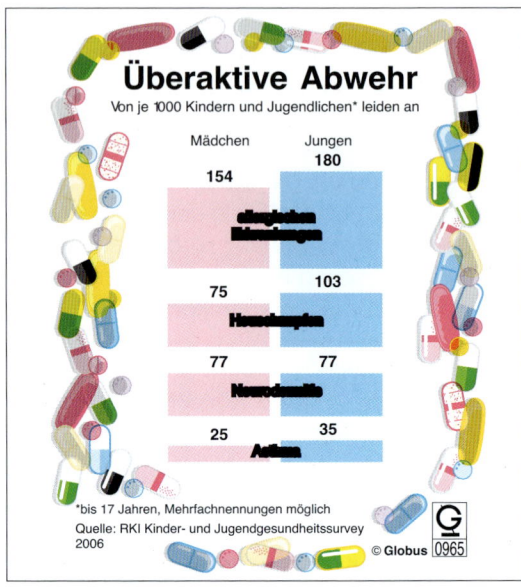

*Überaktive Abwehr*

Sind Infektionskrankheiten im Kindesalter heute aufgrund der guten hygienischen Bedingungen und der guten Impfrate deutlich seltener als noch vor 20 Jahren, haben in den Industriestaaten in den letzten Jahren **allergische Erkrankungen** stark zugenommen. Mittlerweile leiden ca. 20–25 % aller Schulkinder an einer Form von Allergie. Als Auslöser werden u. a. genetische Veranlagungen (Dispositionen), eine zunehmende Umweltverschmutzung, Klimaveränderungen, Rauchen sowie unsere Essgewohnheiten, z. B. Zusatzstoffe in Lebensmitteln, vermutet (→ S. 115).

Unter einer **Allergie** wird eine **Abwehrreaktion des Immunsystems** verstanden, die sich auf Stoffe richtet, die häufig gar nicht schädlich, sondern natürlichen Ursprungs sind. Entzündungen an der Haut oder den Schleimhäuten an verschiedenen Stellen des Körpers sind die Folge. Dabei kann eine Vielzahl an Beschwerden auftreten, z. B. Hautausschlag oder Magen-Darm-Beschwerden.

## Allergien im Kindesalter sind altersabhängig

Im Säuglingsalter treten z. B. häufig Nahrungsmittel-Allergien auf z. B. gegen Ei, Milch, Soja, Nüsse oder Weizen (→ S. 58).

Im Säuglings- und Kleinkindalter werden Kinder häufig von **Neurodermitis** geplagt. Es kommt dabei zu schuppigen, roten, manchmal nässenden Hautveränderungen, die stark jucken. Die Ursachen sind sehr vielfältig und häufig eine Kombination u.a. aus Nahrungsmittel-Unverträglichkeiten, psychischen Belastungen, Reaktionen auf Zigarettenrauch oder Wasch- und Reinigungsmittel.

Im Alter ab ca. 4 Jahren treten **asthmatische Beschwerden** gehäuft auf. Die erkrankten Kinder haben ein überempfindliches Bronchialsystem und reagieren auf verschiedene Auslöser, z. B. auf Tierhaare, Zigarettenrauch, Staub, Stress usw. Es kommt dabei zum krampfartigen Zusammenziehen der Bronchien und einer damit verbundenen Atemnot.

*Ein Kind mit einem akuten Asthmaanfall*

## Zivilisationskrankheiten im Kindes- und Jugendalter

Das Thema **Zivilisationskrankheiten** hat in den letzten Jahren ebenfalls zunehmend an Aktualität gewonnen. Immer mehr Kinder leiden bereits im Kindergarten-, oder Grundschulalter an Übergewicht, Bluthochdruck oder sogar der Zuckerkrankheit Diabetes mellitus Typ 2.

Die wichtigsten Auslöser für Übergewicht sind:

- Bewegungsmangel durch ein geändertes Freizeitverhalten, z. B. verstärkter Fernsehkonsum,
- energiereiche Ernährung, z. B. viel Fast Food und Süßigkeiten,
- zuckerhaltige Getränke, z. B. Cola, Limonade, gesüßter Tee usw. (→ S. 63).

Bereits im Kleinkindalter sollten eine gesunde Ernährung und ausreichend Bewegung als präventive Maßnahmen gegen Zivilisationskrankheiten selbstverständlich sein. Speziell für Gemeinschaftseinrichtungen mit Kindern gibt es viele sinnvolle Aktionen, um diese Themen mit Spaß und Freude zu vermitteln. (Tipps hierzu → S. 62).

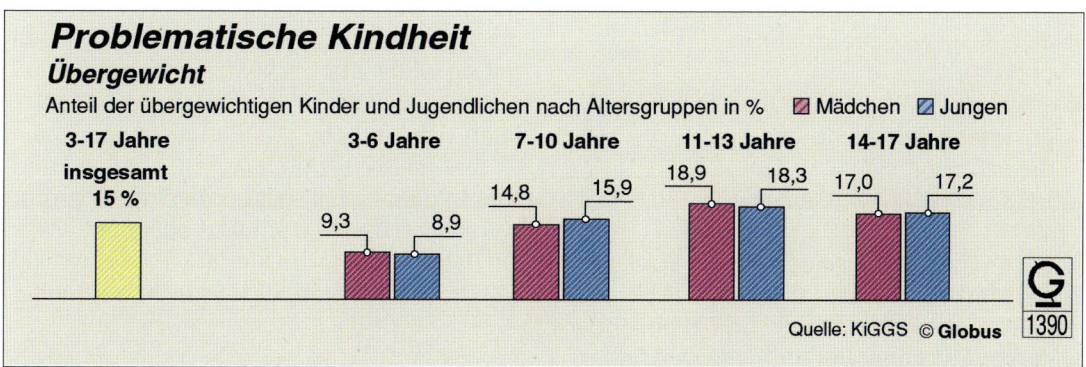

**Problematische Kindheit**

**Übergewicht**

Anteil der übergewichtigen Kinder und Jugendlichen nach Altersgruppen in %    ▨ Mädchen  ▨ Jungen

| 3-17 Jahre insgesamt | 3-6 Jahre | 7-10 Jahre | 11-13 Jahre | 14-17 Jahre |
|---|---|---|---|---|
| 15 % | 9,3   8,9 | 14,8   15,9 | 18,9   18,3 | 17,0   17,2 |

Quelle: KiGGS © **Globus**
1390

# 8.7 Vorbeugung und Impfschutz für gesunde Kinder

*Janine ist Kinderpflegerin in einer Kindertagesstätte. Für das neue Kindergartenjahr plant sie mit der Einrichtungsleiterin die Einführung eines „Safaritages", der einmal wöchentlich stattfinden soll. Da die Einrichtung ein schönes Außengelände hat und zudem am Waldrand liegt, möchte sie an den „Safaritagen" mit den Kindern bei Wind und Wetter die Natur erkunden, die Kinder draußen toben lassen und der Jahreszeit entsprechend Naturmaterialien für anschließende Bastelarbeiten sammeln. Leider haben bisher aber längst nicht alle Eltern die erforderliche wettergerechte Kleidung für ihre Kinder in der Einrichtung deponiert. Janine plant deshalb, allen Kindern zum Projekt „Safaritag" einen ausführlichen Elternbrief für zu Hause mitzugeben.*

## Aufgaben

1. Helfen Sie Janine dabei, einen Elternbrief zu schreiben:
   a) Beschreiben Sie kurz das Projekt „Safaritag" und die damit verbundenen gesundheitlichen Vorteile, die das Spielen und Toben in der freien Natur für Kinder hat.
   b) Erläutern Sie, welche Kleidungsstücke zu einer jahreszeitlich angepassten, wettergerechten Kleidung gehören und von den Eltern für die Kinder in der Einrichtung deponiert werden sollten.
2. Überlegen Sie, welche jahreszeitlichen Themen mit Bastelarbeiten aus Naturmaterialien aufgegriffen werden können.
3. Nennen Sie Dinge, die in den Betreuer-Rucksack gehören, z. B. für den Fall, dass sich ein Kind im Wald verletzt.

## 8.7.1 Das Immunsystem stärken

Babys und Kleinkinder brauchen eine
- gesunde Wohn- und Schlafumgebung (→ S. 10),
- eine ausgewogene Ernährung (→ S. 55 und 64),
- einen regelmäßigen Tagesablauf (→ S. 24 f.),
- genügend Bewegung und
- die richtige Kleidung,

um gesund und fit zu bleiben.

Regelmäßige Spaziergänge oder das Spielen im Freien stärken zu jeder Jahreszeit das Immunsystem und machen Babys und Kleinkinder widerstandsfähiger gegenüber Krankheiten.

Selbst mit einem neugeborenen, gesunden Baby kann von Anfang an nach draußen gegangen werden. Die Kinder sollten allerdings der Jahreszeit entsprechend gekleidet sein, damit sie weder stark schwitzen noch frieren.

Fühlt sich ein Baby draußen nicht wohl, wird es dies meistens durch lautes Schreien kundtun. In diesem Fall sollte unbedingt überprüft werden, ob das Kind schwitzt oder friert. Wenn ein Baby im Winter im Kinderwagen einschläft, ist darauf zu achten, dass es nicht auskühlt.

## Babys und Kleinkinder im Winter

- Zur Winterkleidung gehören eine Winterjacke, eine warme gefütterte Hose, eine Strumpfhose, eine Wollmütze, die auch die Ohren bedeckt, ein Halstuch oder Schal und Handschuhe bzw. Fäustlinge für Babys.
- Bequeme und lockere Kleidung auswählen. So ist ausreichend Bewegung möglich und das Luftpolster zwischen Haut und Kleidung schützt vor Schwitzen, denn Schweiß entzieht an kalten Tagen dem Körper viel Wärme.
- Zum Schutz vor Auskühlung das Baby im Kinderwagen auf eine Matratze mit Wolldecke oder auf ein Schaffell legen.
- Im Winter das Baby gut zudecken. Gut geeignet sind spezielle Winterfußsäcke für den Kinderwagen. Sie halten warm und bieten trotzdem Bewegungsfreiheit.

*Wettergerechte Kleidung von Kindern*

Ob ein Baby schwitzt oder friert, kann durch einen Griff in den Nacken ermittelt werden. Schwitzt es, ist der Nacken heiß und feucht. Friert es, ist diese Stelle sehr kühl.

## Babys und Kleinkinder im Sommer

- Luftige Kleidung auswählen, um starkes Schwitzen zu vermeiden.
- Bei Sonne einen Sonnenhut aufsetzen.
- Ein Baby im Kinderwagen niemals in die pralle Sonne stellen, evtl. Sonnenschutz vom Kinderwagen (Schirm) verwenden.
- Ein liegendes oder sitzendes Baby nicht in die direkte Sonne schauen lassen.
- Die Haut der Kinder mit einer Sonnencreme schützen(→ S. 110).

*Ein Sonnenhut schützt vor starker Sonneneinstrahlung*

Im Frühling und Sommer, wenn die Temperaturen häufig wechseln, ist das Anziehen nach dem **„Zwiebel-Schalen-System"** sinnvoll. Erst wird ein T-Shirt, dann ein Pullover und dann eine Jacke angezogen. Durch An- und Ausziehen einzelner Kleidungsstücke kann man sich so leichter der Außentemperatur anpassen. Unbedingt bedenken: Kinder bewegen sich mehr als Erwachsene, ihnen ist daher auch schneller warm.

Zur wettergerechten und fußfreundlichen Kleidung gehören auch die **Schuhe**:
- Gummistiefel bei Regenwetter, evtl. mit Thermosocken,
- wasserdichte, aber atmungsaktive Schuhe im Frühjahr, Herbst und Winter,
- gut am Fuß sitzende Sandalen im Sommer.

## Die Seele stärken

Regelmäßige Bewegung im Freien hält fit. Ein Satz, den man fast nicht mehr hören mag, aber Bewegung kann noch viel mehr – sie kann nämlich auch die Seele stärken. Fühlen sich Kinder seelisch ausgeglichen und wohl, sind sie weniger infektanfällig. Dies ist eine Tatsache, die oft vernachlässigt wird.

Es ist mittlerweile bekannt, dass Bewegung nicht nur die körperliche Koordination und Motorik schult sowie das Gehirn und Nervensystem anspornt, sondern auch, dass sie einen großen Einfluss auf das Hormonsystem hat. Das Hormon **Serotonin** beispielsweise wird bei körperlichen Aktivitäten vermehrt ausgeschüttet und sorgt für positive, glückliche Gefühle – das Kind fühlt sich anschließend ausgeglichen und kann tiefer und entspannter schlafen.

## 8.7.2 Der Impfschutz

Der Impfkalender zeigt, welche Impfempfehlungen für die einzelnen Altersgruppen bestehen. Im Zuge der Früherkennungsuntersuchungen (→ S. 92) überprüft der Kinderarzt, welche Impfungen anstehen. Ab dem 5. Lebensjahr beginnen für einzelne Impfungen die Auffrischungen, die alle 10 Jahre durchgeführt werden sollten, um einen lebenslangen Impfschutz aufrechtzuerhalten.

### Warum überhaupt impfen?

Durch das Impfen kann der Einzelne, aber auch die gesamte Bevölkerung, vor schweren Infektionskrankheiten geschützt werden. Einige hochansteckende Erkrankungen, z. B. die Pocken, konnten deshalb ausgerottet werden, andere treten nur noch selten auf. Voraussetzung dafür ist eine Impfrate der Bevölkerung, die bei ca. 90 % liegt, damit die entsprechenden Krankheitserreger keinen Nährboden für ihre Vermehrung finden. Sinkt die Impfrate unter ca. 80 % ab, können die Viren sich wieder neu ausbreiten.

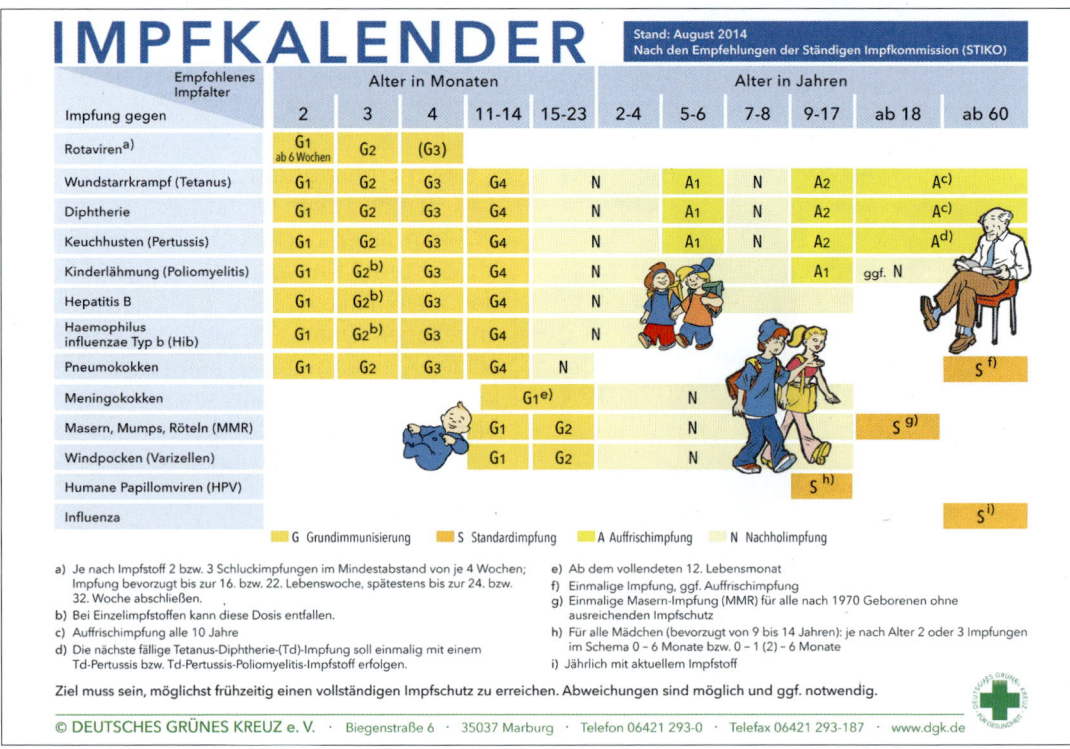

*Impfkalender STIKO, Stand 2014*

Zum Thema Impfen gibt es verschiedene Meinungen, da früher auch starke Nebenwirkungen der Impfungen zu beobachten waren. Mittlerweile sind die zugelassenen Impfstoffe jedoch sehr gut verträglich.

Die Entscheidung, ob ein Kind geimpft wird oder nicht, sollte immer gemeinsam mit der Betreuungsperson und dem Kinderarzt getroffen werden.

### So entsteht beim Impfen ein Schutz gegen Infektionen:

Bei einer **aktiven Impfung** werden dem Körper abgetötete, abgeschwächte oder sogar nur Bruchstücke von Erregern zugeführt. Das Immunsystem beginnt anschließend selbstständig Antikörper zu bilden. Kommt die geimpfte Person jetzt mit dem echten Krankheitserreger in Kontakt, ist der Körper gewappnet und kann mit den bereitstehenden Antikörpern die Krankheit bekämpfen. Der Mensch bleibt gesund. Durch Auffrischimpfungen bleiben die Antikörper ein Leben lang erhalten.

Sind in den Körper bereits Krankheitserreger eingedrungen, gegen die noch kein aktiver Impfschutz besteht und die eine sehr schwere Infektionskrankheit auslösen können, z. B. Diphterie, kann dem betroffenen Menschen eine **passive Impfung** verabreicht werden. Das heißt, es werden ihm bereits die fertigen Antikörper eingespritzt, die dann direkt die Krankheitserreger unschädlich machen können.

Die Antikörper dafür werden anderen Menschen und manchmal auch Tieren entnommen oder gentechnisch künstlich hergestellt.

Die passive Impfung bietet keinen lebenslangen Schutz, da die Antiköper nach Abwehr der Krankheit wieder zerfallen.

Nach der Impfung werden alle erforderlichen Daten dazu, wie Datum der Impfung, der Impfstoff, der Hersteller und die Krankheit, gegen die geimpft wurde, in den Impfpass eingetragen. Anhand dieser Angaben kann der behandelnde Arzt genau ersehen, ob ein vollständiger Impfschutz vorliegt oder Auffrischimpfungen notwendig sind.

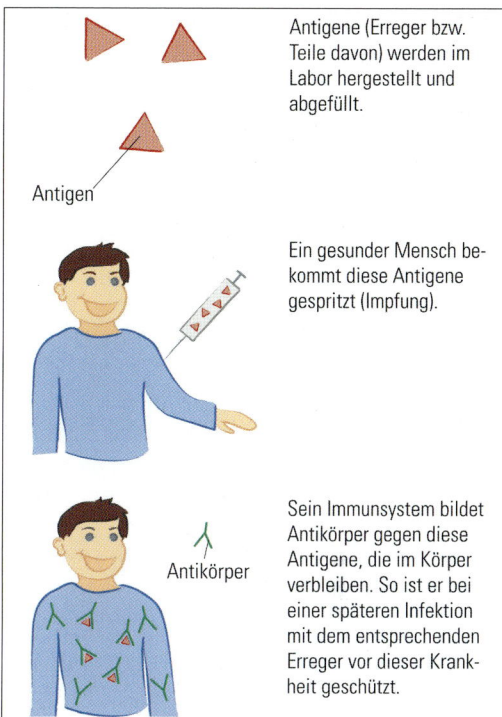

Antigene (Erreger bzw. Teile davon) werden im Labor hergestellt und abgefüllt.

Antigen

Ein gesunder Mensch bekommt diese Antigene gespritzt (Impfung).

Antikörper

Sein Immunsystem bildet Antikörper gegen diese Antigene, die im Körper verbleiben. So ist er bei einer späteren Infektion mit dem entsprechenden Erreger vor dieser Krankheit geschützt.

*Aktive Impfung*

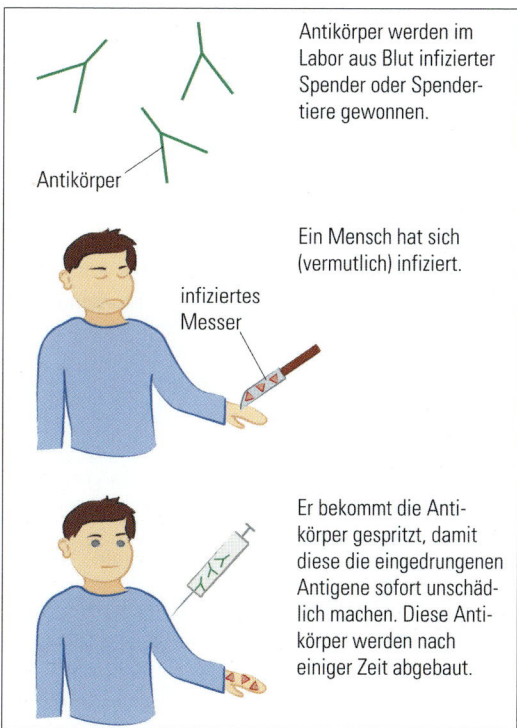

Antikörper werden im Labor aus Blut infizierter Spender oder Spendertiere gewonnen.

Antikörper

Ein Mensch hat sich (vermutlich) infiziert.

infiziertes Messer

Er bekommt die Antikörper gespritzt, damit diese die eingedrungenen Antigene sofort unschädlich machen. Diese Antikörper werden nach einiger Zeit abgebaut.

*Passive Impfung*

## Impfreaktionen

Nach der Impfung kommt es in manchen Fällen nach einigen Stunden zu

- einer Schwellung der Impfstelle,
- einem vorübergehenden Anstieg der Körpertemperatur,
- allgemeiner Müdigkeit und Abgeschlagenheit,
- vorübergehenden Kopfschmerzen,
- leichtem Hautausschlag sowie
- leichten Lymphknotenschwellungen.

Diese Reaktionen sind i. d. R. harmlos und zeigen deutlich an, dass das Immunsystem mit der Antikörperbildung beschäftigt ist.

## 8.7.3 Die Früherkennungs-untersuchungen U1 bis J1

In Deutschland haben alle Kinder und Jugendlichen Anspruch auf insgesamt 11 Untersuchungen (U1 bis U9 sowie J1, → Tabelle 8.6) zur Früherkennung von körperlichen und seelischen Entwicklungsstörungen und Erkrankungen. Die Kosten trägt die gesetzliche Krankenversicherung. Alle Angaben zu den Früherkennungsuntersuchungen werden in das „gelbe Untersuchungsheft" (s. Abb.) eingetragen, das für jedes Kind bei der Geburt ausgestellt wird. In diesem Heft wird auch eine Entwicklungskurve zu Größe und Gewicht geführt.

|  |  |
|---|---|
| **U1**<br>direkt nach der Geburt<br><br>**U2**<br>3. bis 10. Lebenstag | Untersucht werden der allgemeine Gesundheitszustand, der Reifegrad, evtl. Geburtsverletzungen, Herz und Lunge, die Haut bezüglich der Durchblutung sowie die Muskelspannung und die angeborenen Reflexe. In der Regel werden Vitamin-K-Tropfen zur Verbesserung der Blutgerinnung verabreicht. In der U2 erfolgt eine Untersuchung des Hüftgelenks. Mittels Blut aus der Ferse erfolgen Untersuchungen zu Stoffwechselkrankheiten. |
| **U3**<br>4. bis 5. Lebenswoche | Der Arzt kontrolliert die altersgemäße Entwicklung und überprüft die Körperfunktionen, das Hörvermögen, die Reflexe sowie die Entwicklung der Hüftgelenke mittels Ultraschall. Es werden Themen wie Trinken, Verdauung und Schlafverhalten des Babys besprochen. |
| **U4**<br>3. bis 4. Lebensmonat<br>**U5**<br>6. bis 7. Lebensmonat<br>**U6**<br>10. bis 12. Lebensmonat | Es erfolgt eine Untersuchung der Organe, der Geschlechtsteile, des Hör- und Sehvermögens. Die Knochenlücke (Fontanelle) am Kopf wird überprüft. Sie muss für das Wachstum des Schädels ausreichend groß sein. Der Arzt bespricht das Thema Impfen. Mit etwa 7 Monaten sollte das Kind gezielt greifen und sich in Bauchlage abstützen können. Im 12. Lebensmonat wird die sprachliche Entwicklung untersucht und Auffrischimpfungen besprochen. |
| **U7**<br>mit ca. 2 Jahren | Im Vordergrund steht bei dieser Untersuchung die geistige Entwicklung. Das Kind sollte 2-Wort-Sätze bilden, einfache Gegenstände benennen und einfachen Aufforderungen folgen können. Die Körperfunktionen und die Milchzahnbildung werden überprüft sowie auf evtl. fehlende Impfungen hingewiesen. |
| **U7a**<br>mit ca. 3 Jahren | Untersuchung der körperlichen und psychischen Gesundheit. Überprüfung auf sonstige Auffälligkeiten. |
| **U8**<br>mit ca. 4 Jahren<br><br>**U9**<br>mit ca. 5 Jahren | Es werden alle Organe auf ihre Funktion untersucht. Es erfolgen ein Seh- und Hörtest. Im Vordergrund steht die Entwicklung der Sprache und die geistige Reife des Kindes. Sein Sozialverhalten wird erfragt. Liegen Entwicklungsverzögerungen vor, klärt der Arzt über Fördermöglichkeiten auf, z. B. Logopädie. Blutdruck und Urin werden kontrolliert. |
| **J1**<br>mit 12 bis 14 Jahren | In dieser Gesundheitsberatung werden Themen wie Pubertät, Sexualität/Verhütung und Schulprobleme angesprochen. Untersuchung des Körpers und der Organe sowie von Blut und Urin. Fehlhaltungen, chronische Krankheiten, Hautkrankheiten und Essstörungen können frühzeitig erkannt werden. |

*Tabelle 8.6 Übersicht der Untersuchungen U1 bis U9 sowie J1*

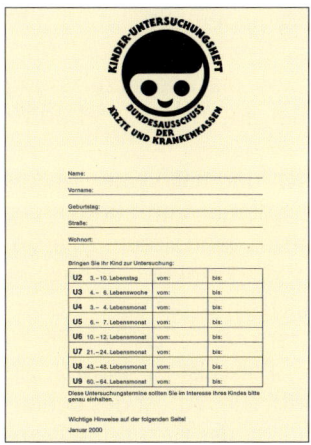

Das „gelbe Unter-
suchungsheft"

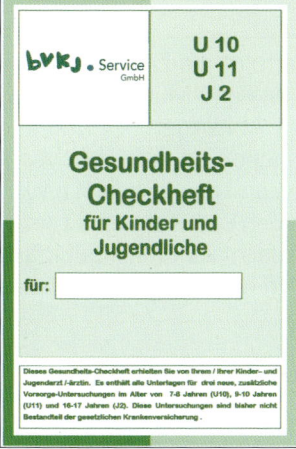

Das „grüne
Vorsorgeheft"

## Vorsorge neuer Krankheitsbilder bei Kindern

Der Berufsverband der Kinder- und Jugendärzte e.V. sieht im Netz der bisherigen Früherkennungsuntersuchungen Lücken und hat aus diesem Grund das Kinderfrüherkennungsprogramm neuen medizinischen Kenntnissen angepasst und gibt zusätzlich ein grünes Vorsorgeheft heraus.

In den zusätzlichen Untersuchungen U10 (mit 7 bis 8 Jahren), U11 (mit 9 bis 10 Jahren) und J2 (mit ca. 16 Jahren) sollen vor allem Sprach-, Gewichts- und Lernprobleme sowie Störungen der Sozialisation und Gefahren eines zu häufigen Medienkonsums rechtzeitiger als bisher erkannt werden. Die Kosten der U10, U11 und J2 werden bereits von einigen, aber nicht von allen Krankenkassen übernommen.

## 8.7.4 Das Infektionsschutzgesetz

Hygiene ganz praktisch

### Aufgabe

Überlegen Sie aus Ihrer eigenen Erfahrung, welche Hygienemaßnahmen in einer Kindertagesstätte nötig sind, um die Ausbreitung krankheitserregender Keime zu verhindern, z. B. regelmäßiges Reinigen der Tische nach dem Essen mit einem sauberen Lappen. Stellen Sie die Maßnahmen übersichtlich zusammen.

In einer Gemeinschaftseinrichtung für Kinder lebt eine Vielzahl von Personen, oft sogar unterschiedlichster kultureller und sozialer Herkunft, zusammen. Damit die Gesundheit und das Wohlbefinden der gesamten Gruppe dauerhaft gewährleistet werden kann, trägt die Einrichtung eine besondere hygienische Verantwortung.

Gruppe von Kindern

Das **Infektionsschutzgesetz** legt daher für Gemeinschaftseinrichtungen konkrete Verpflichtungen fest, die dabei helfen sollen, übertragbaren Krankheiten vorzubeugen, Infektionen frühzeitig zu erkennen und deren Weiterverbreitung zu minimieren. Dabei spielt besonders die Eigenverantwortung der Träger und Leiter von Einrichtungen eine Rolle.

Nach § 36 des Gesetzes müssen die Gemeinschaftseinrichtungen ihre innerbetrieblichen Maßnahmen zur Infektionshygiene in sogenannten **Hygieneplänen** festlegen. Für die Erstellung der Pläne enthält das Gesetz keine Vorgaben, sondern überlässt dies weitgehend dem Ermessen der jeweiligen Einrichtung. Im Paragrafen verankert ist ein sogenannter Musterplan, der den entsprechenden Einrichtungen anzupassen ist (Musterplan → S. 118).

Der von der Einrichtung erstellte Hygieneplan ist jährlich zu überprüfen und zu aktualisieren und sollte für alle Mitarbeiter zugänglich und einsehbar sein.

Neben möglichen Hygienemaßnahmen gibt das Infektionsschutzgesetz auch Auskunft über das Besuchsverbot bzw. die Wiederzulassung von Kindern und Betreuern mit Infektionskrankheiten.

Der Besuch der Einrichtung nach einer Infektionskrankheit ist nach den Bestimmungen des Infektionsschutzgesetzes dann wieder zulässig, wenn die ansteckende Erkrankung abgeklungen bzw. nach ärztlichem Urteil eine Weiterverbreitung der Krankheit nicht mehr zu befürchten ist. In der Praxis ist es sinnvoll, ein entsprechendes schriftliches Attest des behandelnden Arztes oder evtl. des Gesundheitsamtes vorzulegen.

In der Regel erfolgt die Zulassung bei Keuchhusten, Masern, Mumps und Röteln nach dem Abklingen der Krankheitszeichen, bei Windpocken nach dem Verkrusten der Bläschen und bei Scharlach nach einer mind. zweitägigen Behandlung mit Antibiotika. Wird Scharlach nicht mit Antibiotika behandelt, beträgt die Frist drei Wochen.

## Aufgaben

1. Beschreiben Sie, wie ein Kind auf einen Besuch beim Kinderarzt, z. B. Früherkennungsuntersuchung, vorbereitet werden sollte.
2. Nennen Sie mindestens drei unspezifische Krankheitsanzeichen.
3. Erläutern Sie, wie bei einem Kind am besten Fieber gemessen wird.
4. Beschreiben Sie die Möglichkeiten der Selbsthilfe bei Schnupfen.
5. Erläutern Sie, wann ein krankes Kind auf jeden Fall einem Kinderarzt vorgestellt werden sollte.
6. Kranke Kinder benötigen neben Zuwendung auch Abwechslung. Notieren Sie Ihre Ideen für die Beschäftigung eines Kindes, das Bettruhe halten soll. Beraten Sie sich mit Ihrer Tischnachbarin.
7. Nennen Sie Übertragungswege von Kopfläusen in einer Gemeinschaftseinrichtung.
8. Welche Maßnahmen sollten bei einem Befall mit Läusen beim Einzelnen und in der Gruppe ergriffen werden?
9. Was wird unter passiver und aktiver Immunisierung verstanden?
10. Beschreiben Sie, was unter Früherkennungsuntersuchungen für Kinder verstanden wird und welche Untersuchungen dabei schwerpunktmäßig durchgeführt werden.
11. Beschreiben Sie die Möglichkeiten, die Sie als Mitarbeiterin einer Einrichtung haben, um bei Kindern häufig vorkommenden Krankheiten aktiv vorzubeugen.

## Einen Kinderarzt besuchen

Organisieren Sie für Ihre Klasse einen **Besuch bei einem Kinderarzt** in der Nähe der Schule.
Erstellen Sie vorher gemeinsam eine Liste mit Fragen, die Sie dem Arzt stellen wollen.
Zum Beispiel:

- Was haben die Kinder in Ihrer Praxis am häufigsten an Erkrankungen?
- Werden Kinder regelmäßig zu den Vorsorgeuntersuchungen vorgestellt?
- Haben Kinder oft Angst vor einer Untersuchung usw.?

## Das Kopflausmedienpaket des Deutschen Grünen Kreuzes kennenlernen

Das **Deutsche Grüne Kreuz** ist eine unabhängige gemeinnützige Vereinigung zur Förderung der gesundheitlichen Vorsorge und Kommunikation in Deutschland. Jährlich bietet sie ein Projekt zum Thema Kopfläuse in Kindergärten an. Sie versendet dazu an Einrichtungen ein Medienpaket mit Spiel- und Arbeitsmaterialien sowie Infos für Eltern zur Läusebekämpfung.

a) Informieren Sie sich über dieses Projekt im Internet unter **www.dgk.de**.

b) Bestellen Sie ein Medienpaket für die Klasse als Ansichtsexemplar.
c) Besprechen Sie jeweils in Gruppen zu dritt, wie ein Projekt zum Thema Kopfläuse in einer Betreuungseinrichtung für Kinder anhand des vorliegenden Materiales konkret gestaltet werden könnte.
d) Stellen Sie Ihre Ideen im Klassenplenum vor und besprechen Sie anschließend das Projekt mit der Leiterin der Einrichtung, in der Sie arbeiten bzw. ein Praktikum machen.

## Bewährte Hausmittel praktisch ausprobiert

In Ihrer späteren Tätigkeit als Kinderpflegerin oder Sozialassistentin werden Sie auch kranke Kinder betreuen und versorgen müssen. Die richtige Anwendung verschiedener Hausmittel kann dabei eine wertvolle Hilfe sein. Praktische Übungen erleichtern Ihnen im Ernstfall die Handhabung.
Bilden Sie in der Klasse 5 Teams:
**Team 1:** Zitronenwickel für Hals und Brust
**Team 2:** Quarkwickel für Hals und Brust
**Team 3:** Kalter feuchter Brustwickel
**Team 4:** Zwiebelsäckchen für das Ohr
**Team 5:** Ansteigendes Fußbad und Inhalation

a) Besorgen Sie sich Informationen über Hausmittel, z. B. aus Büchern oder aus dem Internet.
b) Bereiten Sie nach der dortigen Beschreibung die Hausmittel Ihrer Gruppe praktisch zu. Ihre Lehrerin hält dafür die entsprechenden Materialien bereit.
c) Präsentieren Sie anschließend den anderen Schülern Ihre Hausmittel und erläutern Sie deren Anwendung und den Nutzen für das kranke Kind.
d) Sind Ihnen weitere Hausmittel aus Ihrer eigenen Kindheit bekannt? Falls ja, notieren Sie diese und stellen Sie sie anschließend der gesamten Klasse vor.

# 9 Unfallverhütung und Erste Hilfe bei Kindern

Marvin stürzt beim Spielen im Freien über den Gartenschlauch, mit dem ein Planschbecken befüllt wurde. Er schlägt sich sein Knie auf, das sofort blutet. Jana, die Praktikantin, bleibt beherzt, setzt Marvin auf einen Stuhl, ein anderes Kind zum Trösten daneben, und läuft zum Verbandskasten, um das Desinfektionsmittel und Verbandmaterial zu holen. Als sie die Tür des Apothekerschranks öffnet, fallen ihr zerknüllte Verpackungen und Medikamente entgegen. Die benötigten Dinge findet sie nicht. Glücklicherweise hat sie in ihrer eigenen Handtasche ein kleines Notfall-Set, mit dem sie Marvin versorgen kann.

## Aufgaben

Stellen Sie sich vor, Ihnen passiert diese Situation bei Ihrer eigenen Arbeit oder Ihrem Praktikum in einer Einrichtung.

1. Überprüfen Sie, ob der Verbandkasten richtig gefüllt und eingeräumt ist.

Falls nicht, notieren Sie, was fehlt und besprechen Sie diese Liste mit der Einrichtungsleiterin (→ S. 79).

2. Wie hätte der Unfall von Marvin verhindert werden können? Machen Sie Vorschläge.

Kinder erkunden in den ersten drei Lebensjahren die Welt mit allen Sinnen. Sie wollen alles anfassen und vor allem in den Mund nehmen. Dieses Verhalten geschieht ohne nachzudenken oder Gefahren zu erkennen, denn diese können Kinder noch nicht einschätzen. Babys und Kleinkinder sind deshalb auf eine Umgebung angewiesen, die ihnen gefahrloses Lernen und Begreifen neuer Sachverhalte ermöglicht.

> Das Kind sollte seine eigenen Grenzen finden dürfen.
> Einen sicheren Lebensraum für Kinder zu schaffen, heißt nicht, sie „in Watte einzupacken". Sie sollten eher die Gelegenheit bekommen, in einer sicheren Umgebung ihre eigenen Grenzen und Fähigkeiten austesten zu dürfen.

Die betreuenden Personen tragen die Verantwortung für ein sicheres Umfeld, das häufigen Unfällen bei Kindern vorbeugt.
Die Tabellen (→ S. 97 f.) zeigen, welche Gefahren sich im täglichen Leben für Kinder verschiedener Altersstufen ergeben können und wie ihnen vorgebeugt werden kann

*Gefahrstoffe sicher aufbewahren!*

# 9.1 Gefahrenquellen im Haushalt und in der Einrichtung

| Gefahrenquellen im Säuglingsalter | Möglichkeiten der Vorbeugung |
|---|---|
| Ersticken durch Verschlucken | • Gefährliches Spielzeug mit Kleinteilen oder spitzen Kanten in den ersten drei Jahren meiden. <br>• Kein selbst gebasteltes Spielzeug, das z. B. mit Erbsen gefüllt ist. |
| Ersticken im Schlaf | • Keine Kopfkissen, keine dicke Decke. <br>• Richtige Größe des Schlafsacks. <br>• Keine Schnüre und Lampenkabel am Gitterbett (→ S. 11). |
| Sturzgefahr | • Das Baby niemals auf dem Wickeltisch alleine lassen. <br>• Sicherer Transport unterwegs im Tragetuch oder Kinderwagen, nicht lose in der Tragetasche. <br>• Sicherer Griff beim Baden. |
| Autounfälle | • Transport nur im TÜV-geprüften Kindersitz bis 12 Jahre. |
| Verbrennungen | • Badewassertemperatur mit Thermometer überprüfen, Babys und Kleinkinder immer langsam zuerst mit den Füßen ins Wasser heben, damit sie reagieren können. |
| **Gefahrenquellen im Krabbelalter** | **Möglichkeiten der Vorbeugung** |
| Sturzgefahr | • Treppen durch entsprechende Gitter sichern. <br>• Matratze im Gitterbett rechtzeitig absenken, Schlupfsprossen entfernen, selbstständiger Ausstieg ist dann gefahrlos möglich. <br>• Befestigung des Hochstuhls am Tisch, um Kippgefahr zu vermeiden. Rechtzeitig vorderen Bügel entfernen, damit das Kind selbstständig auf den Stuhl und herunter klettern kann. <br>• Keine Verwendung von Lauflernhilfen. Sie behindern die Entwicklung und provozieren Unfälle, indem sie z. B. an Teppichkanten hängen bleiben. |
| Vergiftungen | • Putz- und Reinigungsmittel oben im Schrank und am besten verschlossen aufbewahren; auf kindersichere Verschlüsse achten. <br>• Keinen Reiniger in der Spülmaschinenklappe belassen. <br>• Auf Duftöle und Duftpetroleum in zugänglichen Lampen verzichten. <br>• Giftige Zimmer- und Gartenpflanzen meiden, vor allem Büsche mit farbig leuchtenden Beeren. |
| Strangulation | • Keine Kabel, Schnüre oder Schlüsselbänder offen liegen lassen. Darauf achten, dass Kordeln nicht aus Jacken gezogen werden können. Kein Zugang zu Gummiringen. |
| Stromunfall/ Umstürzen schwerer Geräte | • Elektrische Geräte samt Kabel gut sichern. <br>• Steckdosen mit Kindersicherungen versehen. Kabel und Schalter auf schadhafte Stellen kontrollieren. |

*Regale müssen gesichert werden*

*Tabelle 9.1 Gefahrenquellen und deren Vorbeugung im Säuglings- und Krabbelalter*

Um Gefahrenquellen für Krabbelkinder leichter erkennen zu können, kann man selbst einmal „auf allen Vieren" durch den Raum krabbeln und die Welt mit den Augen des Kindes sehen.

| Gefahrenquellen für Kinder im Lauflernalter | Möglichkeiten der Vorbeugung |
|---|---|
| Sturz- und Stoßgefahr | • Kind nicht bei weit geöffnetem Fenster im Raum alleine lassen, evtl. Fenster mit kindersicheren Verschlüssen versehen.<br>• Regale und Schränke, an denen sich Kinder hochziehen können, an der Wand befestigen.<br>• Eckenschutz an scharfen Ecken und Kanten anbringen.<br>• Balkonzugang und Balkongitter sichern. Kind auf dem Balkon nicht unbeaufsichtigt lassen. |
| Verbrennungen | • Tischdecken vermeiden. Das Kind kann sich hochziehen und Gefäße mit heißen Flüssigkeiten umkippen, z. B. Kaffeetasse.<br>• Herd mit Schutzgitter versehen. Heiße Töpfe auf die hinteren Platten stellen, Pfannenstiel nach hinten drehen.<br>• Keine brennenden Kerzen stehen lassen. |
| Vergiftungen | • Hausapotheke sichern (→ S. 79).<br>• Tabakwaren und Alkohol nicht offen auf einem Tisch stehen lassen. |

*Tabelle 9.2 Gefahrenquellen und deren Vorbeugung im Lauflernalter*

| Gefahrenquellen für Kindergartenkinder im Haus und auf dem Außengelände | Möglichkeiten der Vorbeugung |
|---|---|
| Sturzgefahr | • Hochbetten durch Seitenschutz absichern.<br>• Beim Fahrradfahren Helm tragen.<br>• Bei Aktivitäten mit Skateboard und Inlinern geeignete Schutzkleidung anziehen. |
| Verletzungsgefahr | • Den richtigen Umgang mit Werkzeugen, z. B. Laubsäge, zeigen und unter Aufsicht üben.<br>• Gefährliche Werkzeuge wegschließen, z. B. Bohrmaschine.<br>• Stecker nach Gebrauch elektrischer Werkzeuge ziehen. |
| Vergiftungen | • Kinder auf giftige Pflanzen, Beeren und Pilze hinweisen. |
| Ertrinken | • Kinder am Teich, Bach, Planschbecken oder an Regentonnen nicht unbeaufsichtigt lassen, drinnen auch nicht in der Badewanne. Kleinkinder können bereits bei einer Wassertiefe von 5 cm ertrinken!<br>• Rechtzeitig Schwimmen üben. |
| Tierbisse | • Kinder nie mit Hunden alleine lassen.<br>• Keine fremden Tiere berühren.<br>• Umgang mit Tieren rechtzeitig schulen. |
| Straßenverkehr | • Regeln des Straßenverkehrs rechtzeitig erklären, üben und durch geeignete Projekte, z. B. Fahrradführerschein, vertiefen. |
| Verbrennungen | • Kinder von offenem Feuer, z. B. Lagerfeuer, fernhalten.<br>• Vorsicht bei Grillfesten! Gedrängel vor dem Grill vermelden und keine brennbaren Flüssigkeiten in Reichweite der Kinder aufstellen, z. B. Petroleumfackeln. |

*Eine richtige Anleitung hilft Unfällen vorzubeugen*

*Tabelle 9.3 Gefahrenquellen und deren Vorbeugung im Haus und auf dem Freigelände*

## 9.2 Häufige Notfälle und erste Maßnahmen im Überblick

**Aufgabe**

Lina hat sich einen Becher heißen Tee über die Hand gegossen. Welche Maßnahmen ergreifen Sie?

**Erste Hilfe** bei Säuglingen und Kleinkindern zu leisten, ist keine einfache Sache. Es muss oft blitzschnell und vor allem besonnen und ruhig gehandelt werden. Wird in dieser Situation erst nachgelesen, was bei einzelnen Unfällen zu tun ist, vergeht oft wertvolle Zeit. Wer in der Betreuung kleiner Kinder tätig ist, sollte sich deshalb die grundlegenden Erste-Hilfe-Maßnahmen für häufige Notfallsituationen in einem entsprechenden Kurs aneignen und vor allem regelmäßig praktisch üben.

| Notruf: | 112 | oder |
| --- | --- | --- |
| Rettungsleitstelle: | 19222 | |
| Feuerwehr: | 112 | |
| Polizei: | 110 | |

Auch die Nummer der nächsten **Giftnotrufzentrale** sollte immer griffbereit sein.

### Erstickungsgefahr durch verschluckte Fremdkörper
- Ruhig bleiben und Kind beruhigen.
- Notruf tätigen.
- Mundkontrolle machen und Fremdkörper soweit sichtbar entfernen.
- Kind umdrehen und ihm bei herunterhängendem Oberkörper zwischen die Schulterblätter klopfen.
- Bei Atemstillstand: 2-mal beatmen, 30-mal Herzdruckmassage.

### Vergiftungsgefahr durch verschluckte Reinigungsmittel oder Pflanzenteile
Wenn das Kind keine Vergiftungsanzeichen aufweist:
- Ruhe bewahren und Kind beruhigen.
- Kind beobachten.
- Kinderarzt oder Giftnotrufzentrale anrufen und um Rat fragen.
- Klären, wie viel und was das Kind genau verschluckt hat.

Wenn das Kind Vergiftungsanzeichen zeigt, hochgiftige Substanzen verschluckt hat oder benommen ist:
- Ruhe bewahren.
- Notruf tätigen.
- Atmung und Puls überprüfen und evtl. stabile Seitenlage oder bei fehlenden Lebenszeichen Beatmung und Herz-Lungen-Wiederbelebung.

Vermeiden:
- **Keine** Milch, Abführmittel oder Salzwasser zu trinken geben.
- Nicht erbrechen lassen, vor allem bei ätzenden Substanzen, Benzin oder Lampenöl.

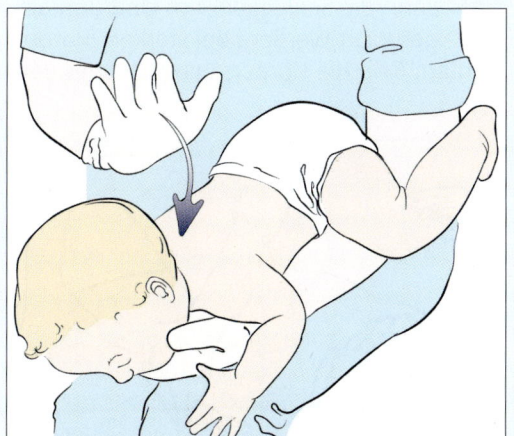

*Diese Haltung kann dabei helfen, verschluckte Kleinteile zu lösen und wieder auszuspucken.*

## Verbrennungen und Verbrühungen

- Ruhe bewahren, Kind beruhigen.
- Evtl. Notruf tätigen.
- Kein Mehl oder Puder auf die Brandstellen geben.
- Kleidung über Brandstelle entfernen, da sie Wärme staut.
- Kühlen verhindert das Tiefergehen der Verbrennung, mind. 10 Minuten oder bis der Schmerz nachlässt. Das Wasser zum Kühlen sollte ca. 20 bis 25 °C haben; bei Kindern auf Unterkühlung achten.
- Nach dem Kühlen Brandwunde mit keimfreiem Tuch oder Rettungsfolie bedecken.
- Bei Bedarf Schockbehandlung, Kopf tiefer lagern als die Beine.
- Falls nötig Atem- und Pulskontrolle.

*Schwere Verbrennungen durch heiße Flüssigkeiten lassen sich durch das Absichern des Herdes vermeiden.*

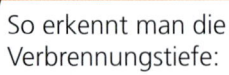 So erkennt man die Verbrennungstiefe:

| | | |
|---|---|---|
| Hautrötung | = | Verbrennung 1. Grades |
| Blasenbildung | = | Verbrennung 2. Grades |
| Hautzerstörung | = | Verbrennung 3. Grades |

## Versorgung von Schürfwunden

Leichte Schürfwunden, die sich Kinder häufiger zuziehen, tun zwar weh, sind aber prinzipiell harmlos.
Eine Versorgung ist dennoch manchmal notwendig:

- Desinfektion der Wunde mit Desinfektionsspray, wenn die Wunde verschmutzt ist.
- Wunde nicht auswaschen.
- Wenig blutende Wunden werden mit einem Pflaster versorgt.
- Auf größere Wunden, die stärker bluten, kann eine sterile Kompresse (Verbandkasten) gelegt und diese mit einer Binde oder einem Pflasterband fixiert werden.

## Versorgung großer, stark blutender Wunden

- Ruhe bewahren, Kind beruhigen.
- Bedrohliche Blutungen stillen (→ Abb. unten); dabei Blutkontakt vermeiden.
- Wunde möglichst keimfrei abdecken und nicht anfassen.
- Keine Substanzen wie Mehl oder Puder auf die Wunde geben.
- Nicht auswaschen.
- Ruhig stellen.
- Evtl. Notruf tätigen.

Bei bedrohlichen Blutungen am Arm kann die Schlagader am Oberarm abgedrückt werden, bei starken Blutungen am Bein die Körperschlagader des Beines.

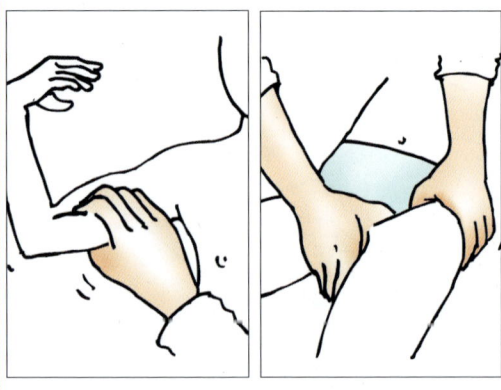

*Abdrücken der Hauptschlagadern*

## Aufgaben

1. Beschreiben Sie, warum Kinder im Krabbelalter besonders umsichtig vor möglichen Gefahrenquellen zu schützen sind.
2. Nennen Sie Situationen, in denen für Babys und Kleinkinder Sturzgefahren bestehen. Wie können sie vermieden werden?
3. Manuel, 4 Jahre alt, hat beim Safaritag Beeren vom Vogelbeerbaum verschluckt, die in größeren Mengen giftig sind. Wie verhalten Sie sich?

4. Erstellen Sie anhand der in Abschnitt 9.1 (→ S. 97) aufgeführten Unfallquellen eine Sicherheitscheckliste zum Ankreuzen für den Kindergarten. Hier zwei Beispiele:

| | | |
|---|---|---|
| Treppe durch Gitter gesichert: | ja ☐ | nein ☐ |
| Badethermometer vorhanden: | ja ☐ | nein ☐ |
| usw. | | |

### Einen Aktionstag zum Thema Erste Hilfe planen

Kenntnisse zur Ersten Hilfe sind für alle Berufsgruppen wichtig, deshalb planen Sie im Klassenplenum einen Aktionstag für Ihre Schule zum Thema: „Fit durch Erste Hilfe". Sammeln Sie dafür Broschüren, Plakate und Infos, z. B. aus dem Internet oder vom Deutschen Roten Kreuz.
Gestalten Sie daraus ansprechende Plakatwände zu den Themen:

- Vergiftungen
- Verbrennungen
- Blutende Wunden
- Notrufnummern
- Haus- und Notfallapotheke usw.

a) Laden Sie einen Vertreter z. B. vom Deutschen Roten Kreuz ein und lassen Sie sich direkt vor Ort wichtige Erste-Hilfe-Maßnahmen, z. B. die stabile Seitenlage, zeigen.
b) Erstellen Sie eine Liste mit Fragen, die Sie speziell zum Thema Erste Hilfe bei Kindern stellen wollen.
c) Sammeln Sie weitere Ideen, wie Sie den Aktionstag zur Ersten Hilfe für Ihre Mitschüler interessant machen können.

### Aufgepasst im Straßenverkehr

Richtiges Verhalten im Straßenverkehr kann bereits im Kindergartenalter geübt werden und stellt einen sinnvollen Unfallschutz dar.
a) Bilden Sie in der Klasse Dreier-Teams. Überlegen Sie sich in der Gruppe, wie ein Projekt zum Thema Straßenverkehr in einer Einrichtung gestaltet werden könnte und notieren Sie Ihre Ideen.
b) Erkundigen Sie sich bei der örtlichen Polizei, inwieweit Aktionen zum Straßenverkehr in der Einrichtung unterstützt werden.

c) Die Kinder möchten im Rahmen des Projektes gerne eigene Fahrzeuge mitbringen, z. B. Dreirad, Roller, Fahrrad usw. Beschreiben Sie, welche Möglichkeiten Sie sehen, die Fahrzeuge in das Projekt mit einzubinden.

*Die Einrichtung Waldzwerge plant, ihre Räume neu zu gestalten. Die Wände und Fensterrahmen sollen neu gestrichen und Bastelarbeiten der Kinder an Fenstern und einer bunten Pinnwand präsentiert werden. Die Sozialassistentin Maren (21 Jahre) wird beauftragt, Farbe, Bastelmaterial und Klebstoffe einzukaufen. Im Baumarkt findet sie eine Vielzahl von Produkten vor.*

### Aufgabe

Worauf muss Maren bei der Auswahl der Produkte achten?

„Wir sehen immer klarer, dass Gesundheit und Wohlbefinden unserer Familie von einer sauberen und gesunden Umwelt abhängen. Das gilt besonders für Kinder."

Zitat G8 Kindergipfel der Umweltminister, 1997

*Kinder und Umwelt*

Kinder haben heute andere Krankheiten als noch vor 20 Jahren: Infektionskrankheiten treten weniger auf, dafür sind die Kinder häufiger chronisch krank. Damit sich Kinder gesund entwickeln können, brauchen sie ein gesundes Umfeld. Dazu zählt eine intakte Umwelt mit möglichst geringer Luft-, Boden- und Wasserverschmutzung, genügend Raum zum Spielen, sich Bewegen und Entspannen sowie eine gesunde Ernährung. Kinder brauchen Schutz, da sie empfindlicher auf ihre Umwelt reagieren als Erwachsene.

## 10.1 Wirkung von Umwelteinflüssen auf Kinder

Kinder setzen sich intensiv mit ihrer Umwelt auseinander: Sie kriechen auf dem Boden, stecken schmutzige Hände in den Mund und sind viel im Freien.

Dadurch sind sie Luft-, Boden- und Wasserverschmutzungen stärker ausgesetzt.

Über Erde, Staub oder Spielzeug nehmen sie vermehrt schädigende Stoffe auf, z. B. Weichmacher oder Verbrennungsrückstände. Hinzu kommt, dass nicht alles, was Kinder essen, frei von Schadstoffen ist. Da ihr Körper noch in der Entwicklung ist, reagieren Kinder besonders empfindlich auf gesundheitsschädliche Stoffe.

### Gründe für die größere Empfindlichkeit von Kindern sind:

- Sie befinden sich noch in der Entwicklung, manche Organe sind noch nicht voll ausgereift und können daher ihre Funktion nicht vollständig erfüllen, z. B. Entgiftung über Nieren und Leber.
- Der Magen-Darm-Trakt ist durchlässiger für Schadstoffe, deshalb nimmt der Körper mehr von diesen Stoffen auf oder muss sich mit Stoffen auseinandersetzen, die bei Erwachsenen über den Darm ausgeschieden würden.
- Im Vergleich zum Körpergewicht haben Kinder eine größere Hautoberfläche als Erwachsene und können so mehr schädliche Stoffe über die Haut aufnehmen.
- Kinder atmen schneller und nehmen so über die Lunge mehr schädliche Stoffe auf.
- Der Stoffwechsel der Kinder ist aktiver und setzt mehr Schadstoffe um.

Nicht auf jeden Schadstoff reagieren Kinder sensibler als Erwachsene. Bei Schadstoffen wie Blei und Quecksilber ist die stärkere Wirkung auf Kinder nachgewiesen, bei anderen, z. B. manche Pflanzenschutzmittel, gibt es dafür Hinweise, aber nicht immer wissenschaftliche Beweise.

Wie stark Kinder auf manche Stoffe reagieren, hängt vom Alter des Kindes, seiner persönlichen Veranlagung und seinem Umfeld ab. Rauchen z. B. die Eltern, wird das Kind nicht ausgewogen ernährt und kann es sich nicht ausreichend bewegen, ist es bereits mit zahlreichen gesundheitsschädlichen Einflüssen konfrontiert. Das Zusammenspiel verschiedener Faktoren macht die individuelle Empfindlichkeit eines Kindes gegenüber Umwelteinflüssen aus.

**Quellen für schädliche Umwelteinflüsse**

Ozon
Ausdünstungen
– Spielzeug
– Einrichtungsgegenstände
Pflegemittel
Abgase
Haushaltsreiniger
Rauchen
Lärm
Pflanzenschutzmittel
Pestizide
Nitrat
Schwermetalle
in der Nahrung
Sonne
Strahlung

*Umwelteinflüsse, die Kinder gefährden können*

**PCB:** polychlorierte Biphenyle, organischer Umweltschadstoff
**PCP:** Pentachlorphenol, chlorierter Kohlenwasserstoff, Umweltschadstoff
**Ozon (O$_3$):** unsichtbares Gas, das aus Luftsauerstoff entsteht (→ S. 106)
**Phtalate:** Weichmacher für Kunststoffe, früher verwendet für Spielzeug und Babyartikel

Viele unerwünschte Stoffe sind inzwischen verboten, aber in früheren Jahren in solchen Mengen produziert worden, dass sie sich in der Umwelt angereichert haben und zum Teil in der Muttermilch nachzuweisen waren, z. B. PCB. Die Anreicherung in der Umwelt muss keine gesundheitlichen Schäden zur Folge haben. Es ist aber ratsam, generell möglichst wenige Chemikalien und Pflanzenschutzmittel im Haushalt oder in der Einrichtung zu verwenden.

Quellen für Chemikalien und Pflanzenschutzmittel im täglichen Leben können sein:
- Putz- und Spülmittel, Waschmittel
- Duschgels, Shampoos, Seifen, Deodorants
- Pulver, Sprays, Pasten
- Pflanzendünger, Unkrautvernichter

Grundsätzlich sollen Chemikalien jeglicher Art außerhalb der Reichweite von Kindern aufbewahrt werden (→ S. 97).

## 10.2 Welche Umwelteinflüsse gefährden Kinder?

### 10.2.1 Dicke Luft?!

Kinder atmen bezogen auf Körpergewicht und Zeit deutlich mehr als Erwachsene; sie sind daher stärker den Belastungen in der Luft ausgesetzt.

Immer häufiger halten sich Kinder in Innenräumen auf: zu Hause, in der Einrichtung oder in der Schule, bei vielen Hobbys wie Musik und Sport.

Die Luft in Innenräumen ist jedoch meist schlechter als im Freien: Häuser werden stärker isoliert als früher, aber nicht immer gut gelüftet. Eine vierköpfige Familie produziert z. B. in Küche, Bad und durch bloßes Atmen pro Tag etwa 11 Liter Wasser. Durch z. B. bauliche Mängel oder zu nah an die Wand gestellte Möbel sammelt sich an der Innenseite von Hauswänden vermehrt Feuchtigkeit. Kann diese Feuchtigkeit durch fehlendes Lüften nicht entweichen, verbleibt sie in den Räumen und wird zu einem Nährboden für Schimmelpilze. Diese können sich in einem feuchten Milieu stark vermehren; ihre Sporen sind Auslöser von Allergien, Asthma und Haut- bzw. Schleimhautreizungen.

Andererseits ist es jedoch auch ungünstig, wenn die Luft zu trocken ist, da die Schleimhäute austrocknen und man häufiger durch die elektrostatische Aufladung einen Schlag bekommen kann.

> Ein Raum wird als behaglich empfunden, wenn die relative Luftfeuchte bei 30 bis 60 % und die Raumtemperatur zwischen 20 und 23 °C liegt.

> Mehrmals am Tag kurz, 5 bis 10 min, und gründlich lüften! Dabei möglichst gegenüberliegende Fenster öffnen, um Durchzug zu erreichen (Stoßlüftung). „Dauerlüften" durch Kippstellung der Fenster nützt nicht viel und verschwendet Heizenergie.

### Chemische Schadstoffe

Ein weiterer Faktor für schlechte Luft in Innenräumen sind Ausdünstungen aus Bodenbelag, Wänden, Einrichtungs- und Ausstattungsgegenständen. Hinzu kommen in Einrichtungen lösemittelhaltige Klebstoffe oder Farben und Lacke sowie ungeeignetes Bastelmaterial, wie Klebstoff, Farbstifte, und Spielzeug.

Diese Luftbelastung kann am besten durch die Auswahl von Materialien mit wenig schädlichen Inhaltsstoffen vermieden werden.

> Eine Orientierung beim Kauf von Erzeugnissen wie Farben, Teppichen, Einrichtungsgegenständen oder elektronischen Geräten bietet seit langer Zeit der Blaue Engel. Er zeichnet Produkte aus, die sowohl umweltfreundlich und sicher zu handhaben als auch praktikabel in der Anwendung sind. Neben dem Logo ist immer auch der Hinweis zu finden, weshalb dieses Produkt ausgezeichnet wurde, z. B. „weil emissionsarm". Eine Liste aller Produkte ist unter www.blauer-engel.de zu finden.

In Spielzeugen und Babyartikeln dürfen EU-weit seit September 2006 keine Weichmacher (Phtalate) mehr verwendet werden. Spielzeuge aus Kunststoffen wie Polyethylen (PE) und

Polypropylen (PP) sind zwar gesundheitlich verträglich, langfristig aber keine umweltverträgliche Wahl, da sie nach ihrer Entsorgung nicht verrotten. Dennoch sind sie oft kostengünstig, haltbar und pflegeleicht. Beim Kauf von Spielzeug sollte die Einrichtung generell eine Mischung aus unterschiedlichen Materialien, Farben und Formen bevorzugen. Als Alternative zu Filzstiften eignen sich z. B. Buntstifte und Wachsmalstifte aus Bienenwachs.

| | |
|---|---|
| **Schimmelpilze** | Zu hohe Luftfeuchtigkeit (Putz, Tapeten, Anstriche, Silikondichtungen), teilweise verdeckt durch schlechte Isolierung, Baumängel, Wasserschäden; gelegentlich mangelhafte Lüftung oder Beheizung. |
| **Pestizide** „Holzschutzmittel" „Schädlingsbekämpfungsmittel" | Anstriche von Massivhölzern im Innenraum, Lederimprägnierung, Teppichböden, Latex, Mottenstreifen Schädlingsbekämpfung, Insektensprays, Elektroverdampfer, z. B. PCP, Dichlofluanid, Permethrin, Chlorpyrifos. PCP enthält herstellungsbedingt Dioxine und Furane, seit 1990 in Deutschland verboten. |
| **Flüchtige organische Verbindungen (VOC)** „Lösemittel" | Kleber, Lacke, Farben, Anstriche, Möbel, Bodenbeläge, Reinigungsmittel, Farbstifte, Abbeizmittel |
| **Asbest** | Dach- und Fassadenplatten „Eternit" bis ca. 1991, PVC- Bodenbeläge, Nachtspeicheröfen, Dichtungsschnüre an Öfen, Dichtungen und Klebemassen, Asbestpappe. Fliesenkitte bis Anfang der 80er Jahre; mit den Augen nicht wahrnehmbarer Feinstaub, der in die Lungen dringt; erhebliche Freisetzung bei Beschädigung/Umbau! |
| **PCB** Polychlorierte Biphenyle | Dauerelastische Dehnungsfugen vor 1978, Kondensatoren, Drosseln, Trafos, Lacke, Druckerzeugnisse, Weichmacher, technische Öle; schwer abbaubare Chlorkohlenwasserstoffe reichern sich im Körperfett an, enthalten Verunreinigungen wie Furane und polychlorierte Naphthaline. |
| **Weichmacher** | Zusatzstoff für PVC, Bestandteil von Wandfarben, Lacken, Klebstoffen, Kosmetika, Fußbodenbelägen, Vinyltapeten, Elektrokabeln, Türdichtungen, Kunstleder, Duschvorhängen, abwischbaren Tischdecken. Die am häufigsten eingesetzten Weichmacher sind DEHP und DBP. Weichmacher treten über lange Zeit aus. Weit verbreitet, aber wenig beachtet. |
| **Schwermetalle** | Farbpigmente, ältere Holzschutzmittel, Stabilisatoren für PVC, Batterien, Autoreifen, Dünger, Fehlbodenschüttungen, PVC-Bodenbeläge, Teppichboden Vorsicht bei Renovierungen im Altbau! Abbeizen schwermetallhaltiger Farben kann zu Vergiftungen führen! |
| **Ozon** | Kopiergeräte, Laserdrucker, UV-Lampen Ozon entsteht durch elektrostatische Aufladung während des Kopier- oder Druckvorganges. |

*Tabelle 10.1 Auswahl von Schadstoffen und ihre Quellen (in Anlehnung an www.umweltinstitut.org)*

Eine besonders große Belastung der Luft ist außerdem das Passivrauchen, das der Gesundheit der Kinder nachweislich schadet (→ S. 108). Aufgrund der hohen Anzahl an bereits jugendlichen Rauchern ist diesem Thema ein eigenständiges Kapitel gewidmet (→ S. 107).

## Ozon

*In Ihrer Einrichtung ist „Tag der offenen Tür" mit vielen Kinderspielen auf dem Freigelände. Das Wetter ist gut und die Sonne scheint. Sie hören jedoch im Radio, dass wegen der hohen Temperaturen eine Ozonwarnung ausgesprochen wird.*

### Aufgabe

Führen Sie das Fest trotzdem durch? Begründen Sie Ihre Entscheidung.

So oft wie möglich sollten Kinder draußen spielen. Für die kindliche Entwicklung ist die Bewegung im Freien außerordentlich wichtig. Eine Ausnahme besteht an Tagen, an denen die Ozonwerte besonders hoch sind. Gerade vom Mittag bis zum frühen Nachmittag kann dann das Toben im Freien die Atemwege der Kinder reizen. In dieser Zeit sollten die Kinder ruhig spielen oder in der Einrichtung bleiben.
Ozon-Konzentrationen von mehr als 180 Mikrogramm können die Atemwege reizen.

## Feinstaub

Immer stärker gewinnt auch der Feinstaub als belastender Faktor an Bedeutung. Kleinste Staubpartikel gelangen bis in die Bronchien und können Husten oder Bronchitis verursachen oder bei bereits bestehenden Atemwegs- und Herz-Kreislauf-Erkrankungen die Beschwerden verstärken. Hohe Feinstaubkonzentrationen sind besonders in Stadtgebieten zu beobachten, da dort Abgase, Reifenabrieb und Aufwirbelung des Straßenstaubs am stärksten sind. Für Kinder ist die Belastung höher, da sie durch ihre Größe näher an den Abgasen sind.

## Elektrosmog

In den Räumen der Einrichtung können **elektromagnetische Strahlen**, sogenannter **Elektrosmog**, ein gesundheitliches Risiko für Kinder darstellen. Die Strahlenbelastung geht von technischen Geräten wie Computer, Lampen, Transformatoren oder Babyphonen in Krippen aus. Sie wird als ein Auslöser für Leukämie diskutiert, wenn ihr Kindern in einem Radius von bis zu 30 Zentimeter dauerhaft ausgesetzt sind. Um die Belastung möglichst gering zu halten, helfen folgende Maßnahmen:

- Möglichst wenige technische Geräte in den Räumen belassen, in denen sich die Kinder aufhalten. Das gilt besonders für die Räume, in denen beispielsweise Krippenkinder schlafen.
- Alle technischen Geräte nach der Benutzung ausschalten, den Stecker ziehen und/oder mit einer Zeitschaltuhr versehen.
- Beim Kauf der Geräte auf den „Blauen Engel" und das Gütesiegel „TCO '03" achten.

| Belastung in Innenräumen | Entlastung |
|---|---|
| Rauchen | • Nicht rauchen in den Räumen |
| Schimmelpilze | • Ausreichend und gründlich lüften, dadurch die Schimmelpilzbelastung minimieren und Luftfeuchtigkeit begrenzen.<br>• Diffusionsoffene Farben verwenden, die Regulierung der Raumfeuchte zulassen.<br>• Beim Kochen Dunstabzugshaube nutzen oder Fenster öffnen. |
| Ausdünstungen aus Boden/Wand/Einrichtungs- und Ausstattungsgegenständen | • Schadstoff- und emissionsarme Einrichtungsgegenständen kaufen, Hersteller fragen.<br>• Neue Einrichtungsgegenstände nach Möglichkeit im Freien ausdünsten lassen, Vollholz bevorzugen. |
| Bau- und Renovierungsarbeiten | • Renovierungen: schadstoff- und emissionsarme Baumaterialien, Produkte mit Blauem Umweltengel oder anderen Umweltzeichen bevorzugen. |
| • Lösemittelhaltige Klebstoffe, Farben/Lacke<br>• Weichmacher in Spielzeug<br>• Ungeeignete Farbstifte | • Kindergeeignete Bastelmaterialien (lösungsmittel- und schadstofffrei) und Spielzeug aus Polypropylen (PP), Polyethylen (PE) oder natürlichen Materialien<br>• Buntstifte, Wachsmalstifte aus Bienenwachs |
| Schadstoffhaltige Produkte im Haushalt | • Verzicht auf Duft- oder Öllampen, künstliche Geruchsverbesserer (Raumsprays o. Ä.). |
| Alte Heizungssysteme | • Moderne Heizungsanlagen<br>• Bei zu trockener Luft Aufstellen von Pflanzen, besonders geeignet: Papyrus, Bambus. |
| **Belastung im Freien** | **Entlastung** |
| • Ozon<br>• Feinstaub<br>• Abgase (Stickstoffoxide) bes. durch geringe Körpergröße | • Bei hoher Ozonbelastung Kinder am Mittag und frühen Nachmittag im Haus oder ruhig spielen lassen.<br>• Kinder möglichst wenig Autoabgasen aussetzen: falls möglich abseits von Straßen zur Einrichtung kommen und spielen lassen, Waldtage einplanen. |

*Tabelle 10.2 Auswahl der Belastung durch die Luft in Innenräumen und im Freien und Möglichkeiten, sie zu minimieren*

## 10.2.2 Rauchen

*In Ihrer Einrichtung sehen Sie die neue Praktikantin vor der Tür rauchen. Einige Kinder spielen in der Nähe im Sandkasten.*

**Aufgabe**

1. Wie reagieren Sie? Diskutieren Sie verschiedene Möglichkeiten mit Ihrem Tischnachbarn.
2. Sollte Rauchen auf öffentlichen Plätzen verboten werden?

Rauchen ist eine der schwerwiegendsten Luftbelastungen in Innenräumen, die zudem noch am besten zu vermeiden ist. Die Gefahr, die vom Rauchen besonders für Kinder ausgeht, wird schon lange diskutiert. Rund die Hälfte aller Kinder bis 13 Jahre lebt in Haushalten, in denen mindestens eine Person raucht. Jedes fünfte ungeborene Kind ist durch Zigarettenrauch gefährdet.

Tabakrauch enthält über 4800 verschiedene Substanzen, wovon über 70 krebserregend sind oder zumindest im Verdacht stehen, krebserregend zu sein. Raucht die schwangere Mutter, ist auch das Kind betroffen:

- Mangelnde Sauerstoffversorgung des Ungeborenen durch das im Rauch enthaltene Kohlenmonoxid.
- Die Gefahr von Früh- oder sogar Totgeburten steigt.
- Das Geburtsgewicht und der Kopfumfang sind verringert, die Entwicklung des Kindes kann schlechter sein.
- Abbauprodukte der Inhaltsstoffe von Zigarettenrauch sind bereits im allerersten Urin des Babys sowie in der Muttermilch der stillenden Mutter nachweisbar, darunter auch Nikotin.

Rauchen Eltern in der Wohnung oder im Auto, schaden sie ihren Kindern. Das Deutsche Institut für Krebsforschung kommt 2005 sogar zu dem Schluss: „Tabakrauch in Innenräumen ist keine Belästigung, sondern eine Gesundheitsgefährdung mit Todesfolge." Passiv eingeatmeter Rauch enthält eine Vielzahl gesundheitsschädlicher Stoffe, die akut die Atemwege reizen, zu Kopfschmerzen, Schwindelgefühl oder einer erhöhten Infektions- und Allergieanfälligkeit führen können. Auch wird Passivrauchen als Risikofaktor für die Entwicklung chronischer Krankheiten angesehen.

Zerkaute Zigarettenreste können für ein Kleinkind tödlich sein!

In Innenräumen sollte nicht geraucht werden. Passivrauchen ist besonders für Kinder gesundheitsschädlich.

### Welche Möglichkeiten gibt es, Kinder vor Zigarettenrauch zu schützen?

- In der Schwangerschaft nicht rauchen.
- Nur draußen rauchen.
- Rauchfreie öffentliche Einrichtungen (auch Gastronomie, Transportmittel).

## 10.2.3 Lärm

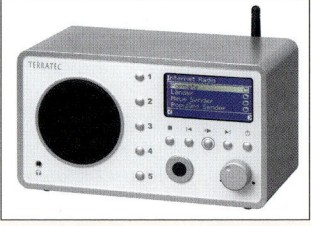

*Eine Mutter regt an, in der Einrichtung ein Radio im Hintergrund laufen zu lassen, damit die Kinder an Musik herangeführt werden.*

### Aufgaben

1. Halten Sie den Vorschlag für sinnvoll? Sammeln Sie Argumente für und gegen diesen Wunsch.
2. Wie kann ein Kompromissvorschlag aussehen?
3. Identifizieren Sie in Ihrer Einrichtung Lärmquellen. Überlegen Sie sich, wie Sie es einrichten, dass die Kinder weniger Lärm ausgesetzt sind.

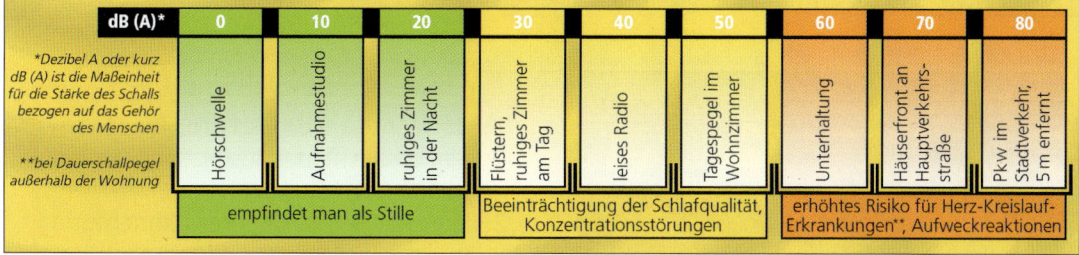

*Wie viel dB ist wie laut?*

## Die Folgen von Lärmbelastungen

- Konzentration wird verringert
- Stress entsteht
- Erholungsphasen werden gestört
- Schlafstörungen
- Schädigung des Gehörs ist möglich
- Erhöhtes Unfallrisiko durch Ablenkung
- Allgemeine Beeinträchtigung des Wohlbefindens und der Gesundheit

Jeder empfindet Lärm anders: Ein Geräusch wird dann zum Lärm, wenn es uns stört oder sogar gesundheitlich schädigt. Durch Lärm werden vermehrt Stresshormone ausgeschüttet, die das Herz-Kreislauf-System belasten. Daneben schädigt Lärm nach und nach das Gehör. Bei einem Viertel aller Jugendlichen sind inzwischen **Hörschädigungen** festzustellen.

Lärmquellen können alltägliche Geräusche sein wie Straßenlärm, Musik oder Haushaltsgeräte, denen Kinder unkontrolliert ausgesetzt sind. Dazu kommt lautes Spielzeug, das ihre Ohren und ihre Konzentrationsfähigkeit belastet.

Neben der Höhe des Geräuschpegels spielt auch die Dauer des Geräusches eine Rolle.

Nach einer längeren Lärmbelastung sind Erholungsphasen besonders wichtig. Ruheinseln sind für Kinder in der Einrichtung äußerst wohltuend und helfen beim Umgang mit Lärm und Stress.

### Tipps zur Vermeidung von Lärm

- Ruhezeiten in den Tagesablauf der Einrichtung einbauen.
- Vorhänge und Einrichtungsgegenstände dämpfen Geräusche.
- Glatte Flächen reflektieren den Schall, daher offenporige, unebene Oberflächen für Wände und Einrichtungsgegenstände wählen.
- Trittschalldämpfung des Bodenbelags, der Wände und der Decke beachten.
- Übertragung von Schallwellen minimieren: Waschmaschine auf Gummimatten o. Ä. stellen, Kühlschrank von der Wand abrücken, Lautsprecherboxen nicht direkt an der Wand montieren bzw. auf den Fußboden stellen.

Manchmal laut zu sein ist gerade bei Kindern auch ein Ausdruck von Freude und sollte von den Erwachsenen deshalb nicht als Lärm empfunden werden!

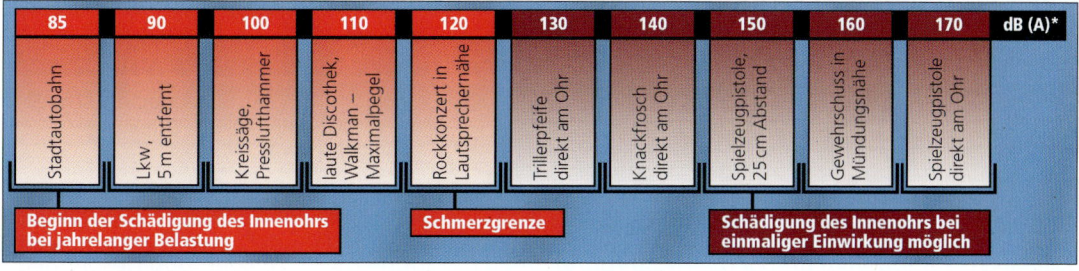

*Zu viel für die Ohren?*

## 10.2.4 Zu viel Sonne

**Aufgabe**

1. Betrachten Sie das Foto. Beurteilen Sie, ob die Kinder ausreichend vor der Sonne geschützt sind.
2. Welches Kind in Ihrer Einrichtung müsste Ihrer Einschätzung nach besonders geschützt werden? Begründen Sie Ihre Entscheidung und sammeln Sie Vorschläge zur Umsetzung.

Kinder freuen sich, bei gutem Wetter ohne Jacke draußen herumzutollen und möglichst erst am Abend wieder ins Haus zu gehen. Die Sonne macht gute Laune und sorgt in der Haut für die **Bildung des Vitamins D**, das beispielsweise für den Knochenstoffwechsel und damit für das Wachstum von Bedeutung ist. Um einen sonnigen Tag ungestört genießen zu können, ist es aber unbedingt notwendig, die empfindliche Kinderhaut zu schützen. Denn das Sonnenlicht enthält gesundheitsschädliche **ultra-** **violette Strahlen (UV-Strahlen)**, die neben Sonnenbrand auch die Haut vorzeitig altern lassen, zu Hautkrebs führen oder das Immunsystem schwächen können.

Eine hohe UV-Dosis in den ersten Lebensjahren erhöht die Gefahr für die Entstehung von Hauttumoren. Die Haut „vergisst" den Schaden früherer Sonnenbrände nicht. Drei Viertel der gesamten UV-Strahlung, der ein Mensch in seinem Leben ausgesetzt ist, erhält er etwa bis zu seinem 20. Lebensjahr.

| Hauttyp | | Merkmale | Eigenschutz | Gefährdung |
|---|---|---|---|---|
| Hauttyp I | | Helle Haut, Sommersprossen, rötliches Haar, blaue Augen | 5 – 10 min | Immer Sonnenbrand, kaum Bräunung auch nach wiederholten Bestrahlungen |
| Hauttyp II | | Blondes Haar, grüne, graue oder blaue Augen | 10 – 20 min | Fast immer Sonnenbrand, mäßige Bräunung nach wiederholter Bestrahlung |
| Hauttyp III | | Dunkelblondes Haar, graue oder braune Augen | 15 – 25 min | Mäßig oft Sonnenbrand, fortschreitende Bräunung nach wiederholten Bestrahlungen |
| Hauttyp IV | | Dunkles Haar, braune Augen | 20 – 30 min | Selten Sonnenbrand, schnell einsetzende Bräunung |

*Tabelle 10.3 Hauttypen und deren Gefährdung durch die Sonne (nach: Umwelt und Gesundheit in Deutschland, BfS, 2005)*

Nach häufigen und ausgedehnten Aufenthalten in der Sonne treten vermehrt Muttermale auf, die als Risikofaktor für den erst viel später auftretenden schwarzen Hautkrebs (malignes Melanom) gelten.

Die Tabelle 10.3 zeigt die Einteilung in die verschiedenen Hauttypen und deren Gefährdung durch Sonneneinstrahlung.

**Lichtschutzfaktor** = durch Eincremen verlängert sich die mögliche Aufenthaltsdauer in der Sonne um diesen Faktor
**Beispiel:** Hauttyp I
(Eigenschutz, mittags = 15 min),
Lichtschutzfaktor 12 = 3 Stunden Sonnenaufenthalt möglich

Die Kinderhaut ist deutlich dünner als die des Erwachsenen. Sie kann Schäden nicht so gut reparieren und muss daher sorgfältig mit Sonnencreme und richtiger Bekleidung geschützt werden.

Viele Erwachsene unterschätzen die Gefahr, die von der Sonne im Alltag ausgeht. Auch zu Hause müssen Kinder immer ausreichend mit Sonnencreme und lichtundurchlässiger Kleidung geschützt werden. Ist die Haut wie im Frühsommer lichtentwöhnt oder besonders beansprucht durch eine intensive Sonneneinstrahlung im Hochsommer, an der See oder in den Bergen, ist besondere Vorsicht geboten. Selbst bei bedecktem Himmel oder unter einem Sonnenschirm sind Kinder nicht gänzlich vor UV-Strahlung geschützt. Besser ist es, wenn Kinder im Hochsommer während der Mittagszeit im Haus oder im Baum- bzw. Hausschatten spielen.

Kinder von unter einem Jahr nicht mit Sonnenmilch eincremen, da sie die Inhaltsstoffe nicht immer vertragen. Mit ihnen am besten im Schatten eines Baumes oder Hauses spielen.

## Tipps zur Vermeidung von zu viel Sonneneinstrahlung

■ An sonnigen Tagen zwischen 11 Uhr und 15 Uhr besser in der Einrichtung spielen.

■ Auf ausreichenden Sonnenschutz mit Sonnencreme achten:

■ Sonnencreme mit mindestens LSF 15 bis 30 verwenden, mehr als 40 verlängert die Schutzdauer nur unwesentlich, daher nicht notwendig.

■ Sonnencreme frühzeitig auftragen, etwa 30 min vorher, oder Produkte mit mineralischem Lichtschutz ohne Einwirkzeit verwenden.

■ Besonders empfindlich sind Schultern, Nacken, Ohren, Nase, Stirn und Kopf. Die Hände und Füße dürfen ebenfalls nicht vergessen werden.

■ Mehrmals eincremen, weil beim Spielen oder Baden die Creme abgerieben wird. Achtung: Der Schutz wird dadurch nicht verlängert, sondern nur erhalten!

■ Wasserfeste Sonnencreme benutzen.

■ Sonnencremes ohne Duftstoffe und Emulgatoren bevorzugen.

■ Sonnenhut aufsetzen und evtl. die Augen mit einer Sonnenbrille schützen.

■ Bestimmte Medikamente können eine erhöhte Lichtempfindlichkeit oder zusammen mit UV-Strahlen Allergien bewirken. Dies sollte mit einem Arzt abgesprochen werden.

■ Lockere, weite Kleidung tragen. Dünne T-Shirts schützen nicht unbedingt. Bei besonders empfindlichen Kindern kann eine spezielle lichtundurchlässige Kleidung mit UV-Schutz zuverlässigen Schutz bieten.

## 10.2.5 Schadstoffe in Lebensmitteln

*Lena (3 Jahre) bekommt seit einiger Zeit kein Obst und Gemüse mehr zum Gruppenfrühstück in der Einrichtung von zu Hause mit. Sie beklagt sich bei Ihnen darüber. Als Sie Lenas Mutter daraufhin ansprechen, winkt sie ab: Das Obst und Gemüse wäre ja sowieso mit Pestiziden und Nitrat verseucht, da gäbe es besser gar keins.*

### Aufgabe

Nehmen Sie zu der Aussage von Lenas Mutter Stellung und überlegen Sie, welche Alternativen Sie der Mutter anbieten können.

Der Einfluss einer gesunden Ernährung auf Kinder ist immens: Sie trägt dazu bei, dass sich die Kinder gesund entwickeln können. Daher ist es wichtig, Kinder und deren Betreuungsperso-nen frühzeitig für eine ausgewogene und vielseitige Ernährung zu interessieren und sie zu einem gesunden Essverhalten zu motivieren (→ S. 24, 61 f.).

Ein weiterer Aspekt ist die **Qualität der Lebensmittel**. Über die Nahrung können auch unerwünschte Stoffe zu sich genommen werden, wie Schadstoffe oder Krankheitserreger. Eine Reihe von gesetzlichen Bestimmungen sorgt dafür, dass die Lebensmittel kontinuierlich kontrolliert werden. Festgelegte Höchstmengen an Schadstoffen dürfen nicht überschritten werden, z. B. wurden 2009 die Regeln für Pflanzenschutz europaweit erheblich verschärft.

Zusätzlich gilt für Nahrung im Säuglings- und Kleinkinderbereich die **Diätverordnung**, die noch geringere Höchstmengen an Nitrat und Pflanzenschutzmitteln als in sonstigen Lebensmitteln sowie eine hohe mikrobielle Sicherheit vorschreibt.

| | |
|---|---|
| Pflanzenschutzmittel, *z. B. Pestizide,*  *z. B. enthalten in Obst und Gemüse* | • Lebensmittel aus ökologischem Anbau oder Produkte bevorzugen, die saisonal und regional geerntet werden.  • Gründliches Waschen der Lebensmittel sowie das Entfernen der äußeren Blätter und Stiele. |
| Nitrat, *z. B. enthalten in Gemüse* | • Äußere Blätter oder Stiele entfernen.  • Saisonale, regionale und Freilandprodukte bevorzugen.  • Gemüse vor dem Verzehr kochen oder blanchieren und das Kochwasser weggießen.  • Bei eigener Ernte das Gemüse abends ernten, weil die Pflanze bei Lichtmangel, z. B. bei Nacht, das Nitrat speichert. |
| Schwermetalle, z. B. Blei, Cadmium, Quecksilber, *z. B. enthalten in Fisch und Meeresfrüchten* | • Fische wie Seelachs, Hering, Karpfen oder Forelle bevorzugen und Thunfisch oder Heilbutt weniger essen. |
| Mykotoxine, z. B. Aflatoxine, *z. B. enthalten in Nüssen (ölhaltigen Lebensmitteln)* | • Nicht zu lange lagern und auf Schimmelbefall achten. |
| Acrylamid, *z. B. enthalten in Pommes frites, Knäckebrot oder Chips* | • Lebensmittel wie Pommes frites, Chips oder Knäckebrot nur in Maßen verzehren.  • Speisen bei mittleren Temperaturen garen. Frittieren: max. 175 °C, Backen mit Umluft: max. 180 °C, ohne max. 200 °C.  • Speisen nicht scharf anbraten und eine zu starke Bräunung vermelden. |

*Tabelle 10.4 Auswahl der möglichen unerwünschten Stoffe in Lebensmitteln*

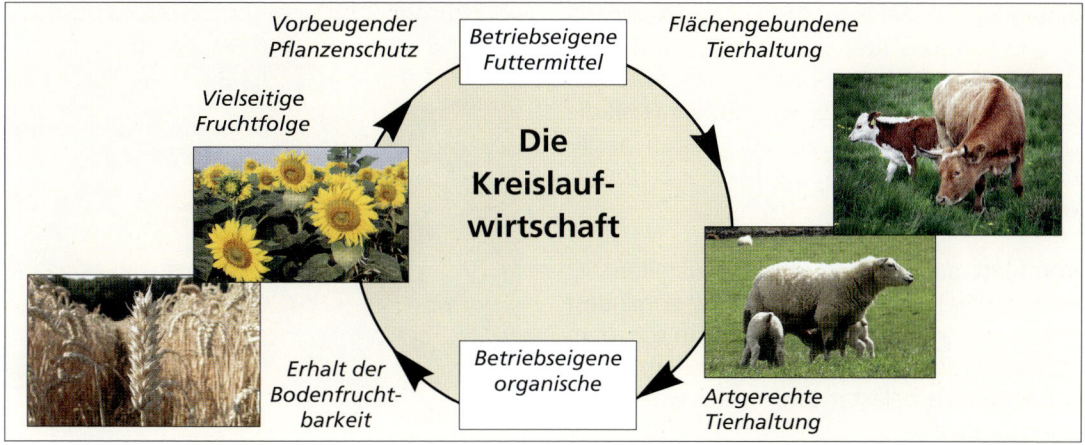

*Die Kreislaufwirtschaft (nach: Bio für's Baby, Umweltzentrum Hannover)*

## Weitere Möglichkeiten, um die Menge der aufgenommenen Schadstoffe gering zu halten

Bei der Auswahl der Lebensmittel diejenigen wählen, die möglichst wenig belastet sind, wie z. B. saisonale und regional geerntete Lebensmittel. Entscheidend ist auch, wie die Produkte hergestellt werden. Ein verantwortungsvoller Umgang mit Boden, Tieren und Pflanzen bildet die Grundlage für schadstoffarme Lebensmittel. Ökologische Anbaubetriebe praktizieren eine Kreislaufwirtschaft, die diesem ganzheitlichen Prinzip folgt. Tierhaltung und Pflanzenanbau werden möglichst eng verzahnt und unterstützen sich so gegenseitig.

Durch regelmäßige Kontrollen staatlich zugelassener Kontrollstellen wird dafür gesorgt, dass anerkannte Betriebe sich an diese Prinzipien halten.

*Das deutsche, staatliche Bio-Siegel, das EU-Bio-Logo und eine Auswahl der Logos der neun ökologischen Anbauverbände*

Die Produkte kann man an den gesetzlich geschützten Begriffen „Bio" oder „ökologisch" und den verschiedenen Logos erkennen. Alle Produkte, die das EU-Bio-Logo oder das deutsche, staatliche Bio-Siegel tragen, sind gemäß der EU-Verordnung zum ökologischen Landbau hergestellt worden. Den neun ökologischen Anbauverbänden in Deutschland gehen diese Mindestanforderungen nicht weit genug. Sie schreiben ihren Mitgliedern weitere und zum Teil strengere Richtlinien für die Erzeugung und Produktion von Bio-Produkten vor.

Die aufwendige Herstellung von Bioprodukten spiegelt sich im Preis wider, der meist höher als bei konventionell hergestellten Produkten liegt. Dafür sind sie gentechnikfrei, viel weniger mit Rückständen belastet und im Einklang mit der Natur hergestellt.

Je dichter am Erzeugungsort ein Produkt angeboten wird (regionales Produkt), desto geringer sind Transportkosten und -zeit. Dazu kommt, dass der Gehalt an Vitaminen und Mineralstoffen höher ist.

Bioprodukte findet man z. B. auf Wochenmärkten, in Naturkostgeschäften oder Hofläden. Doch auch in Supermärkten gibt es inzwischen eine gute Auswahl an Bioprodukten. Fehlt die Zeit, um selbst zum Markt oder Laden zu gehen, bietet sich eine Abokiste oder Lieferservice an.

Komplett auf Bioprodukte umzustellen, ist nicht immer realistisch, aber sehr oft zumindest teilweise möglich. Sinnvoll sind dann vor allem Produkte, die im konventionellen Anbau besonders hoch belastet sind, wie z. B. Paprika oder Trauben.

*Abokiste*

## 10.2.6 Allergien und Umwelt

*Sinja feiert ihren 5. Geburtstag in der Einrichtung und bringt stolz eine Torte mit, die aufwendig mit Marzipanrosen verziert ist. Die anderen Kinder sind begeistert. Nur Linus steht abseits und möchte den Kuchen nicht probieren.*
*Er sagt, dass ihm nach Kuchen immer schlecht werde und sein Hautausschlag sich verschlimmere.*

### Aufgabe

1. Beurteilen Sie die Situation. Überlegen Sie sich, wie Sie vorgehen würden.
2. Stellen Sie gemeinsam mit Ihrer Klasse die Maßnahmen zusammen, die Ihrer Meinung nach folgen müssen. Berücksichtigen Sie dabei die anderen Kinder.

*Nach einem Gespräch mit Linus' Mutter händigt sie Ihnen eine Liste mit Lebensmitteln aus, die Linus nicht essen darf.*

*Mögliche Beschwerden durch Allergien*

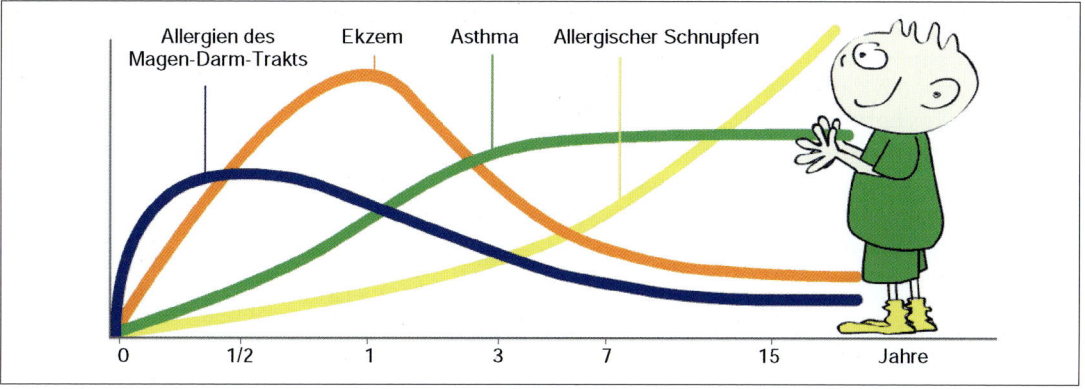

Allergien des
Magen-Darm-Trakts  Ekzem  Asthma  Allergischer Schnupfen

0    1/2    1    3    7    15    Jahre

*Allergische Erkrankungen in Abhängigkeit vom Alter*

Immer mehr Kinder haben **Allergien** (→ S. 87). Die Stoffe, die die Beschwerden auslösen (Allergene), sind Teil des normalen Lebens und nicht immer zu vermeiden.

Viele Allergien entwickeln sich schon vor dem 7. Lebensjahr. So haben beispielsweise 12 % der Vorschulkinder Neurodermitis. Im Vordergrund stehen anfangs Lebensmittelallergien, während später besonders Heuschnupfen die Jugendlichen plagt.

Kinder leiden besonders unter Allergien, weil ihr Immunsystem noch im Aufbau ist:

■ Die Schleimhaut, die den Darm auskleidet, ist noch durchlässig und die Verdauung von Eiweißen (Baustoff der Allergene) noch ungenügend. Mögliche Allergene können so „durchschlüpfen" und in den Blutkreislauf des Kindes gelangen.

■ Je früher und je stärker Kinder den Stoffen ausgesetzt werden, desto eher können sie darauf allergisch reagieren.

■ Kinder haben eine viel größere Körperoberfläche bezogen auf das Körpergewicht und bieten damit mehr Angriffspunkte für die Allergene.

■ Entgiftungsorgane wie Leber und Niere sind noch nicht voll ausgereift und haben ihre volle Funktion noch nicht erlangt. Giftstoffe verbleiben so zum Teil im Körper und können die Immunabwehr schwächen.

Manchmal werden die Allergien gar nicht oder erst spät erkannt. Ist aber eine Allergie diagnostiziert, ist es wichtig, den auslösenden Stoff konsequent zu meiden. Schon kleinste Mengen können Beschwerden bis hin zu lebensgefährlichen Reaktionen auslösen.

Der Alltag von Kindern mit Allergien ist nicht immer leicht. Zu einem gemeinsamen Frühstück müssen beispielsweise gesondert Brote mitgebracht werden, um Allergieauslöser zu vermeiden. Die Sonderposition ist für ein Kind nicht immer einfach zu verstehen und zu bewältigen. Zunächst ist es wichtig, dass die Eltern die Betreuungsperson in der Einrichtung umfassend über die Allergien informieren und besprechen, was beachtet werden muss und welche Ausweichmöglichkeiten das Kind hat. Die anderen Kinder der Gruppe sollten ebenfalls eingebunden sein, um zu verstehen, warum das Allergikerkind manches nicht darf, und um es unterstützen zu können.

**Tipps zur Vermeidung von Allergien**

■ Rauchverbot im Umfeld von Kindern.

■ Kinderhaut mit einfachen Mitteln pflegen, wie klares Wasser, evtl. milde Seife, einfache Cremes ohne Duftstoffe.

■ Ungünstiges Klima für Schimmelpilze und Hausstaubmilben schaffen, z. B. wischbare Böden, viel und gründlich Lüften, kein Luftbefeuchter, keine „Staubfänger" wie dicke Teppiche oder Vorhänge.

■ Tiere im Freien halten.
(Weitere Tipps: → S. 58)

## Aufgaben

1. Stellen Sie auf einer Plakatwand zusammen, weshalb Kinder von Umwelteinflüssen stärker betroffen sind.
2. Lesen Sie die Zeitungsartikel.
   a) Benennen Sie gesundheitsschädliche Faktoren.
   b) Welche Alternativen gibt es?

### Hohe Konzentration von Weichmachern in Kitas

*In Kindertagesstätten wurden besonders hohe Konzentrationen an Weichmachern nachgewiesen, wie eine Untersuchung des BUND zeigte. In den Staubsaugerbeuteln von 60 Kitas fanden die Experten die dreifache Konzentration von sieben verschiedenen Weichmachern der Klasse Phthalate als in dem Staub von normalen Haushalten. Halten sich die Kinder in den Räumen der Kita auf, können sie die Weichmacher in bedenklichen Konzentrationen aufnehmen. Viele Phthalate sind schon verboten, v.a. in Spielzeugen und Kinderartikel. Nachwievor können die Weichmacher aber beispielsweise in Fußbodenbelägen oder Turnmatten enthalten sein.*

### Pestizidcocktails in Lebensmitteln

*Obwohl der Pestizidgehalt in Obst und Gemüse seit Jahren kontinuierlich abnimmt, warnt Greenpeace vor der Verwendung der Pflanzenschutzmittel. Rückstände von Pestiziden können in das Grundwasser und von da aus in die Nahrungskette gelangen. Im menschlichen Körper können Pflanzenschutzmittel Krebs erregen, das Immunsystem beeinträchtigen und den Hormonhaushalt verändern. Es werden zwar weniger hohe Mengen an einzelnen Pestiziden verwendet, dafür aber geringere Mengen vieler verschiedener Pestizide. Wie sich dieser Pestizidcocktail auf die Gesundheit und Umwelt auswirkt, lässt sich noch nicht einschätzen. Daher fordert Greenpeace neue Grenzwerte für Mehrfach-Rückstände von Pflanzenschutzmitteln.*

### Mehr Gesundheit durch umweltbewusste Lebensweise

*Stärkerer Umweltschutz scheint die Gesundheit der Weltbevölkerung unmittelbar zu verbessern, wie einige Studien anhand von Computersimulationen zeigen. Die Reduzierung des Kohlenmonoxids senkt vor allem vermeidbare Herz- und Lungenerkrankungen. Dabei seien konkrete Maßnahmen notwendig, wie der Umstieg auf umweltfreundliche Autos oder eine deutliche Verminderung des weltweiten Fleischverzehrs.*

3. Betrachten Sie das Foto.

   a) Identifizieren Sie mögliche Schadstoffquellen.
   b) Was können Sie in Ihrer Einrichtung tun, um möglichst wenige Schadstoffe freizusetzen?
4. Nennen Sie Gründe, warum Rauchen für Kinder schädlich ist.

## Aufgaben

5. Stellen Sie die Vor- und Nachteile von Bioprodukten für Kinder dar.
   a) Stellen Sie eine Liste Ihrer regionalen Anbieter zusammen.
   b) Überlegen Sie, ob ein vermehrter Einsatz von Bioprodukten in Ihrer Einrichtung sinnvoll ist und wenn ja, wie dies umsetzbar ist.
   c) Besuchen Sie mit Ihrer Klasse einen Wochenmarkt oder einen Biobauernhof und sammeln Sie Ihre Eindrücke auf einer Plakatwand.
   Informationen gibt es z. B. bei
   www.oekolandbau.de,
   www.bmvel.de, www.aid.de

6. Sie haben in Ihrer Einrichtung ein Kind mit Neurodermitis und ein anderes mit einer Lebensmittelallergie.
   a) Diskutieren Sie mit Ihrer Tischnachbarin, wie Sie vorgehen würden im Hinblick auf die Eltern, die Gruppe und das betroffene Kind.
   b) Stellen Sie Ihre Überlegungen am Flipchart vor.

7. Informieren Sie sich über die Ozon- und Feinstaubwerte Ihrer Region bzw. Deutschlands unter folgender Internetseite des Umweltbundesamtes:
   http://www.umweltbundesamt.de/daten/luftbelastung/aktuelle-luftdaten
   Wäre an dem Tag, für den Sie die Werte nachgesehen haben, ein Kinderfest im Freien möglich? Begründen Sie Ihre Antwort.

9. Betrachten Sie Ihre Antwort zur Aufgabe in der Eingangssituation auf S. 102. Überdenken Sie Ihre Entscheidung nochmals unter folgenden Kriterien:
   - Ihre Leiterin befürwortet zwar umweltgerechte Produkte, mahnt aber an, dass sie möglichst preiswert sein sollen.
   - Die Mutter eines Kindes in Ihrer Gruppe möchte nur Produkte mit dem Umweltengel.
   - Ihre Kollegin streicht die Wände nur dann, wenn die Farbe leicht zu verstreichen ist.
   Wie entscheiden Sie sich?

10. Führen Sie im Klassenverband folgende Sinnesexperimente durch und beschreiben Sie Ihre Erfahrungen:
    a) Riechen: Sammeln Sie frische oder getrocknete Kräuter in kleinen Stoffbeuteln und nummerieren Sie diese. Ihre Klasse soll nun versuchen, die Kräuter durch Riechen an den Säcken zu erraten. Vereinfachen können Sie die Aufgabe, indem Sie zum Vergleich unnummerierte Töpfe mit den Kräutern an einen Nebentisch stellen.
    b) Fühlen: Suchen Sie sich einige Gegenstände aus, die Sie in Schuhkartons legen. Durch eine Öffnung im Deckel können dann die anderen Schüler hineingreifen und erraten, um welche Gegenstände es sich handelt. Es eignen sich dazu Zapfen, Äste, Nüsse, Sand, Perlen, Stroh und vieles mehr.
    c) Schmecken: Verrühren Sie in zwei Schüsseln die gleiche Menge an Vanillejoghurt. Färben Sie dann den Joghurt der einen Schüssel mit einer roten Lebensmittelfarbe. Lassen Sie Ihre Klasse raten, welche Geschmacksrichtung der Joghurt in den Schüsseln hat. Der rot eingefärbte Joghurt wird meist als Erdbeerjoghurt identifiziert.
    d) Hören: Verbinden Sie einer Mitschülerin die Augen, stellen Sie sie in die Mitte des Raumes und drehen sie einige Male um sich selbst. Verteilen Sie sich mit dem Rest der Klasse im Raum. Einer von Ihnen macht ein Geräusch, das die Schülerin mit den verbundenen Augen orten muss. Nach einigen Malen soll die Schülerin in der Mitte ihre Hand muschelförmig hinter ihr Ohr legen, sodass sich ihre Ohrmuschel vergrößert. Beschreiben Sie die Erfahrungen und überlegen sich die Gründe dafür. Sie können dieses Experiment erweitern durch unterschiedliche Geräusche, z. B. Blätterrascheln, Bleistiftspitzen, Trinken o. Ä., die die Schülerin mit den verbundenen Augen erraten soll.

## Musterplan Hygienemaßnahmen Infektionsschutzgesetz – Beispiel-Reinigungs- und Desinfektionsplan

| Reinigungs- oder Desinfekt ons- bereich | Reinigung (R)/Desinfektion (D) | Häufigkeit | Personenkreis | Präparat | Einwirkzeit | Konzentration | Zubereitung | Anwendung |
|---|---|---|---|---|---|---|---|---|
| Hände waschen | R | zum Dienstbeginn, vor Umgang mit Lebensmitteln, vor und nach dem Essen, bei Verschmutzung, nach Toilettengang, nach Tierkontakt | Personal | Waschlotion in Spendern | | gebrauchsfertig | gebrauchsfertig | auf die feuchte Haut geben und mit Wasser aufschäumen, gründlich abspülen und trocknen |
| | | vor dem Essen, bei Verschmutzung, ggf. nach dem Spielen, nach Toilettengang, nach Tierkontakt | Kinder/ Jugendliche | | | | | |
| Hände desinfizieren | D | nach Kontakt mit Stuhl, Urin u. a. Körperausscheidungen z. B. nach dem Windeln, nach Ablegen der Schutzhandschuhe, vor dem Anlegen von Pflastern und Verbänden | Personal | Händedesinfektionsmittel, ggf. viruswirksames Mittel, z. B. bei Verdacht auf virale Durchfallerkrankungen | Empfehlung der DGHM | gebrauchsfertig | gebrauchsfertig | ausreichende Menge, mind. 3 – 5 ml auf der trockenen Haut verreiben i.d.R. 30 sec; bei Viruserkrankungen Herstellerhinweise beachten |
| | | nach Verunreinigung mit infektiösem Material | Alle | | | | | |
| Hände pflegen | | nach dem Waschen | Alle | Hautcreme aus Tuben oder Spendern | | gebrauchsfertig | gebrauchsfertig | auf trockenen Händen gut verreiben |

118

Fortsetzung: Beispiel-Reinigungs- und Desinfektionsplan

| Reinigungs- oder Desinfektionsbereich | Reinigung (R)/Desinfektion (D) | Häufigkeit | Personenkreis | Präparat | Einwirkzeit | Konzentration | Zubereitung | Anwendung |
|---|---|---|---|---|---|---|---|---|
| Einrichtungs- und Gebrauchsgegenstände, Schrankoberflächen, Heizkörper usw. | R | 1 x wöchentlich, Spielzeug von Säuglingen täglich | Personal/ggf. Bewohner | Reinigungslösung, Wasser | | Hersteller-angaben | Hersteller-angaben | feucht reinigen |
| Fußböden in Gemeinschaftsräumen | R | täglich | | Fußbodenreiniger | | Hersteller-angaben | Hersteller-angaben | nass reinigen |
| Oberflächen von Gegenständen oder Schränken, Regalen und Fußböden, Spielzeug, Waschbecken u. ä. | D | nach Verunreinigung mit Stuhl, Urin, Körperflüssigkeiten etc. | Personal | Desinfektionsmittel-Lösung | DGHM-Empfehlung | DGHM-Empfehlung | Hersteller-angaben | Scheuer-Wisch-Desinfektion, große Verunreinigungen zuerst mit einem in DM getränktem Tuch entfernen |
| Küchenbereich | R | nach Benutzung nach Verschmutzung | Personal | Reinigungslösung, Wasser | | Hersteller-angaben | Hersteller-angaben | nass reinigen |
| Wickeltische, Säuglingswaagen, Säuglingsbadewannen | R + D | nach jeder Benutzung nach Verunreinigung mit Körperflüssigkeiten, Stuhl | Personal/Mutter bei Mutter-Kind-Betreuung | Reinigungslösung, Desinfektionsmittel desinfizierender Reiniger | DGHM-Empfehlung | Hersteller-angaben DGHM-Empfehlung | Hersteller-angaben | feucht reinigen trocknen bei Verschmutzung desinfizieren |

Fortsetzung: Beispiel-Reinigungs- und Desinfektinsplan

| Reinigungs- oder Desinfektions- bereich | Reinigung (R)/Desin- fektion (D) | Häufigkeit | Personen- kreis | Präparat | Einwirk- zeit | Konzentration | Zubereitung | Anwendung |
|---|---|---|---|---|---|---|---|---|
| Badewannen | R | nach jeder Benutzung | Personal/ Mutter bei Mutter- Kind- Betreuung | Reinigungs- lösung | | Hersteller- angaben | Hersteller- angaben | nass reinigen |
| Fieberthermo- meter | R | nach jeder Benutzung | Personal | Reinigungs- lösung Desinfektions- mittel (gebrauchsfer- tig) oder -tuch | DGHM- Empfeh- lung | DGHM-Emp- fehlung | Hersteller- angaben | feucht abwischen |
| | D | nach rektaler Benut- zung | | | | | | |
| Töpfchen | R | nach jeder Benutzung | Personal/ Mutter bei Mutter- Kind-Betreu- ung | Reinigungs- lösung | | Hersteller- angaben | | nass reinigen, vor nächster Benutzung voll- ständig trock- nen lassen |
| Waschbecken Toilettenbecken, Toilettensitze, Ziehgriffe, Spültasten, Fä- kalienausgüsse | R | 1 x täglich bei Verschmutzung sofort | Personal | Reinigungs- lösung | | Hersteller- angaben | Hersteller- angaben | feucht abwischen |
| | D | bei Durchfallerkran- kungen | | | | | | täglich wisch- desinfizieren |
| Türen und Türklinken im Sanitärbereich | R | täglich bei Verschmutzung | Personal | Reinigungs- lösung, Wasser | | Hersteller- angaben | Hersteller- angaben | feucht reinigen |
| Reinigungsgerä- te Reinigungstü- cher und Wisch- bezüge | R | 1 x wöchentlich arbeitstäglich | Reinigungs- personal | Reinigungs- lösung Waschmittel | | Hersteller- angaben | | möglichst in der Waschmaschine (60°C), anschlie- ßend trocknen |

Quelle: Leitfaden für Hygiene in Kinderbetreuungseinrichtungen

# Literaturverzeichnis

Behr-Völzer, C.; Hamm, M; Vieluf, D: **Diät bei Nahrungs-mittelallergien und -intoleranzen**, Urban & Vogel, 2008

Eltern (Hrsg.): **Naturmedizin für Kinder**, Zabert Sandmann, 2005

Geist, C.; Harder, U.; Stiefel, A.: **Hebammenkunde, Lehrbuch für Schwangerschaft, Geburt, Wochenbett und Beruf**, Hippokrates, 2012

Hofmann, Dres. Med. D. und U.: **Erste Hilfe bei Kindern**, Gräfe & Unzer, 2002

Nase, Dr. J.: **Eltern-Ratgeber Kinderkrankheiten**, ObersteBrink, 2009

Pikler, E.: **Laßt mir Zeit, Die selbständige Bewegungsentwicklung des Kindes bis zum freien Gehen**, Pflaum, 2001

Renz-Polster, Dr. med. H.; Menche, Dr. med. N.; Schäffler, Dr. med. A.: **Gesundheit für Kinder, Kinderkrankheiten verhüten, erkennen, behandeln**, Kösel, 2010

Stellmann, Dr. med. M.: **Kinderkrankheiten natürlich behandeln**, Gräfe & Unzer, 2009

Uhlemayr, U.: **Wickel und Co., Bärenstarke Hausmittel für Kinder**, Urs-Verlag, 2001

Ungerer, Prof. Dr. O.: **Der gesunde Mensch**, Handwerk und Technik, 2005

Zukunft-Huber, B.: **Die ungestörte Entwicklung Ihres Babys**, Trias, 2010

## Broschüren

AID: **Allergie(-risiko), Was darf mein Baby essen?**, 2006; **Empfehlungen für die Ernährung von Säuglingen**, 2007; **Lebensmittelallergie, Neurodermitis – Was darf mein Kind essen?**, 2003; **Leichter, aktiver, gesünder**, 2006; **optimiX – Ernährung von Kindern und Jugendlichen**, 2007

BfS: **Mit heiler Haut durch den Sommer**, 2004; **Umwelt und Gesundheit in Deutschland**, 2005

BMU: **Durchblick – Was hat unser Alltag mit der Umwelt zu tun?**, 2004

BMVEL: **Qualität von Lebensmitteln aus alternativer und konventioneller Produktion**, 2004

BUND: **Dicke Luft in der guten Stube – BUND-Position zur Innenraumbelastung**, 1995

BZgA: **Das Baby, Informationen für Eltern über das erste Lebensjahr**, 2010; **Von Anfang an, Informationen und Tipps zur Säuglings- und Kleinkindernährung**, 2000; **Forschung und Praxis der Gesundheitsförderung, Band 6, Was erhält Menschen gesund? Antonovskys Modell der Salutogenese – Diskussionsstand und Stellenwert**, 2001 ; **Zu viel für die Ohren?**, 2006

DKFZ: **Passivrauchen – ein unterschätztes Gesundheitsrisiko, Band 5**, 2005; **Passivrauchende Kinder in Deutschland – Frühe Schädigung für ein ganzes Leben, Band 2**, 2004;

Ministerium für Ernährung und Ländlichen Raum Baden-Württemberg: **Von Anfang an mit Spaß dabei, Essen und Trinken für kleine Kinder**, 2005

Netzwerk Kindergesundheit und Umwelt (Hrsg.): **Kind-Umwelt-Gesundheit**, 2004

Ökoinstitut: **Arbeitspapier: Auswertung PROSA/PLA: Waschen und Waschmittel**, 2004

Pina: **Das pina-online-Buch**, 2011

RKI: **Gesunheit von Kindern und Jugendlichen – Schwerpunktbericht der Gesundheitsberichterstattung des Bundes**, 2004

UBA/APUG: **Forum Kinder – Umwelt und Gesundheit, Tagungsband Münchener Forum**, 2001

Umweltbundesamt: **Ohne Wasser läuft nichts!**, 2003; **Gesünder wohnen – Aber wie?**, 2005

Weleda Kinderwelt: **Wie spricht mein Kind, Sprachentwicklung und Sprachstörungen, Heft 4, Herbst/Winter 2004**

## Weiterführende Internetadressen

www.aga.adipositas-gesellschaft.de
www.aid.de
www.apotheken-umschau.de
www.best-med-link.de
www.bfr.bund.de
www.biosicherheit.de
www.bips.uni-bremen.de
www.bke.de
www.blauer-engel.de
www.bmfsfj.de
www.bmu.de
www.bmelv.de
www.bzga.de
www.dge.de
www.dgk.de
www.drk.de
www.elternimnetz.de
www.ernaehrung.de
www.ernaehrung-und-bewegung.de
www.familienhandbuch.de
www.fitkid-aktion.de
www.fke-do.de
www.gesundes-kind.de
www.gyn.de
www.kinderaerzte-im-netz.de
www.kindergartenpaedagogik.de
www.kindergarten-workshop.de
www.kinderrezepte.de
www.kindersicherheit.de
www.kindersindtabu.de
www.kinder-tun-was.de
www.kinderwelt.org
www.learn-line.nrw.de
www.mlr.baden-wuerttemberg.de
www.naturdetektive.de
www.oeko-test.de
www.pina-infoline.de
www.purenature.de
www.sicher-im-auto.com
www.test.de
www.umweltbildung-berlin.de
www.umweltinstitut.org
www.umweltschutzweb.de
www.vis.bayern.de/ernaehrung/index.html
www.vivafamilia.de
www.was-wir-essen.de

# Bildquellenverzeichnis

aid infodienst Ernährung, Landwirtschaft, Verbraucherschutz e. V. Bonn: S. 65/1

Alnatura Produktions- und Handels GmbH, Bickenbach: S. 52/2

ARTERIA PHOTOGRAPHY, www.arteria-photography.de, Kassel: S. 83/1

Baby Butt, Buttenwiesen: S. 50/1

Bundeszentrale für gesundheitliche Aufklärung (BZgA), Köln: S. 106/1

ABDA – Bundesvereinigung Deutscher Apothekerverbände, Berlin: S. 71/1

Biokreis e.V., Verband für ökologischen Landbau und gesunde Ernährung, Passau: S. 113/8

Biopark e.V., Güstrow: S. 113/10

Cartoon Express, Martin Guhl, Stein am Rhein, Schweiz: S. 9/1; 14/2; 15/1; 20/1–3; 24/1; 27/1; 28/3; 29/2; 33/2; 35/1; 39; 45; 47/2; 54; 73; 79/2; 81; 82; 96/1

CMA, Bonn: S. 66/5

Corbis GmbH, Düsseldorf: S. 108/1

Deutsche Pediculosis Gesellschaft e.V., Hannover: S. 85/1

Deutsches Grünes Kreuz e. V. (DGK), Marburg: S. 90

DIDYMOS GmbH, Ludwigsburg: S. 12/3

dpa Picture-Alliance GmbH, Frankfurt/Main: S. 22; 86/2 (Infografik); 87/2 (Infografik)

Eckelmann, Nicole, Burgdorf: S. 3/1; 60/8; 61; 62; 65/2–6; 102/4; 104/1; 111

FKE, Forschungsinstitut für Kinderernährung, Dortmund: S. 46/2

Fotosearch, Publitek, Inc. dba Fotosearch, Waukesha, WI/USA: S. 99/2

Fotolia Deutschland, Berlin, © www.fotolia.de: S. 2; 4; 6/3; 8; 14/1; 25/1 (Elena Stepanova), 2; 26/2 (Claudia Paulussen); 29/1; 31/1,2 (Ingo Bartussek); 33/1; 34/2,5; 36/1; 37/3; 48/1; 51/1 (st-fotograf),3 (Sport Moments); 52/1,4 (Konstantin Sutyagin), 56/2 (lightphoto); 60/1,4,7,8; 66/7 (unpict); 68/1,3,4; 71/2; 72/2; 75/1 (photophonie); 76/3; 77/4; 84/2; 87/1; 102/2,3; 103; 106/2; 107; 110; 113/3,4; 114/2,3; 116

Gerner, Diane, Esslingen: S. 3/2; 15/2,3; 16/2; 26/1; 28/2; 30; 34/1,3,4,6; 35/2-4; 36/2; 37/1; 40; 41; 42/2,3; 43/2; 44/1; 57; 70; 72/1; 74/3; 77/2,3; 88; 89/1; 93/2; 98; 99/1; 114/1

Getty Images, München: S. 35/5; 43/3

Grafische Produktionen Neumann, Rimpar: S. 7/1,2; 19/1–4; 91

Grützner – www.kinder-sicherheit.com: S. 100/1

Hans Natur, Süderbrarup: S. 9/2

Höll-Stüber, Eva, u.a: Gesundheit – Krankheit – Ein Balanceakt (HT 4191), Hamburg: S. 83/2,4

Hoting, Dr. med. Edo, Hamburg: S. 83/3

iStockphoto, Berlin: S. 1/1 (Francisco Romero); 74/2 (Alexander Raths); 89/2 (Olga Voronishcheva)

Keil, Prof. Dr. Manfred, Neckargemuend: S. 84/1

Krausen, Scott, Mönchengladbach: S. 67

Kuppe, Friederike: S. 58

Latz, Norbert, Ahrensburg, u. a: Fleischerei heute – Grund- und Fachstufe (HT 1400), Hamburg: S. 55/1; 56/1

LOTTIES Naturtextilien, Biburg: S. 10

mauritius images GmbH, Mittenwald: S. 7/3

Mineralbrunnen Überkingen-Teinach AG, Bad Überkingen: S. 50/2

Neese, Anika Fotodesign, Berlin: S. 52/3; 74/1; 75/4

Nestlé Deutschland AG, Frankfurt a. M.: S. 49

Nils Holger Moormann GmbH, Aschau im Chiemgau: S. 97

Oberstebrink Verlag GmbH, Ratingen: S. 17/2,3

OKAPIA KG, Frankfurt: S. 6/1,2; 21/2 (Claude Cortier)

Pina e.V. Präventions- und Informationsnetzwerk Allergie/Asthma, Berlin (Foto: Prof. Dr. U Wahn): S. 115/1

pixelio media GmbH, München, © www.pixelio.de: S. 18/1; 19/5; 55/3; 60/2,3,5,6,7;

66/3; 68/2,5; 77/1a,1b; 85/2

Procter & Gamble Service GmbH, Schwalbach am Taunus: S. 47/1

Schmidt, Rudi, Hamburg: S. 55/2,4,5

Shutterstock.com, New York, USA: S. 48/2 (Beneda Miroslav); 56/3 (Nattika); 66/2 (Nattika)

Snug Seat, Inc., Matthews, North Carolina, USA: S. 1

Spiel gut Arbeitsausschuss Kinderspiel+Spielzeug e.V., Ulm: S. 40/2

Storbeck, Sven, Wunstorf: S. 43/1

Techniker Krankenkasse, Hamburg, Broschüre „Hausmittel": S. 79/1

Techniker Krankenkasse, Hamburg: S. 31/3

Ungerer, Prof. Dr. Otto, Der gesunde Mensch (HT 4181), Hamburg: S. 96/2

Urs-Verlag, Burgberg, mit freundlicher Genehmigung aus dem Familienratgeber „Wickel & Co®", Bärenstarke Hausmittel für Kinder von Ursula Uhlemeyr zur Verfügung gestellt: S. 75/2

VBS Hobby Service GmbH, Verden: S. 102/1

Verlag Handwerk und Technik GmbH, Hamburg: S. 16/1; 18/3; 20/5; 24/2; 27/2; 28/1; 37/2; 42/1; 46/1; 51/4; 52/2; 56/4-6; 64; 66/1,4,6; 75/3; 76/1,2; 77/1c; 78; 85/3,4; 93/3

Versandhaus Walz GmbH, Bad Waldsee: S. 11; 12/1,2; 13; 18/2; 20/4,6; 21/1; 51/1

Weleda AG Schwäbisch Gmünd, Fotograf: A. Salomon: S. 44/2

http://www.bioland.de: S. 113/7

http://www.bio-siegel.de: S. 113/5

http://www.blauer-engel.de: S. 104/2

http://www.demeter.de: S. 113/9

http://cc.europa.eu: S. 113/6

http://www.gaea.de: S. 113/11

http://www.kopflaus.ch, Sandra Leonhardt-Raith: S.86/1

http://www.swisscom.com: S. 108/2

# Sachwortverzeichnis

handwerk-technik.de